Sarah Michelle Gellar

Sarah Michelle Gellar

Eine unautorisierte Biographie

Von
Günter Sippert

Action Media Verlag
Kaufbeuren / Germany

Lithos, Satz und Gestaltung
Hürlemann, Schweiz / Mahatman, München
Druck und Bindung
Verlagsdruckerei Kessler, Bobingen

Printed in Germany

ISBN 3-928871-21-8

Inhalt

Einleitung

Die Welt der flimmernden Bilder lebt von und mit ihren Stars. Um auf der Mattscheibe oder der Leinwand erfolgreich zu sein, bedarf es Ausstrahlung, Charakter und Stärke. Im Haifischbecken des Entertainment überlebt nur der Starke und Vielseitige. Doch das ist noch nicht ausreichend um ein Superstar zu werden. Es sind allenfalls sehr gute Zutaten, aber ohne das sprichwörtliche i-Tüpfchen geht die Rechnung nicht auf. Man muß sein Talent in den richtigen Filmen beweisen und eine Wirkung auf das Publikum haben, denn ohne diese bleibt man "nur" Durchschnitt. So gibt es Tausende von Schauspielern, die ihre Arbeit zwar gut machen, aber nie eine besondere Empfindung beim Publikum auslösen. Sie sind austauschbar und hinterlassen keinen bleibenden Eindruck. Betrachtet man die heutige Darstellerriege, so gibt es zweifelsohne sehr viele gute Talente. Darsteller mit Charisma hingegen findet man heute nur selten. Hollywood bietet viele schöne Gesichter und noch schönere Körper, aber nur wenig Schauspieler mit Herz und Ausstrahlung.

Sarah Michelle Gellar gehört zu den wenigen Ausnahmen, die Hollywood zu bieten hat. Was sie von anderen Darstellern ihres Alters unterscheidet, ist zum einen die Vielseitigkeit ihrer Arbeit. Sie läßt sich auf kein bestimmtes Genre festlegen, obwohl man sie gerne als Scream Queen bezeichnet, also eindeutig dem Horror und Mystery Bereich zuordnet. Das hängt sicher mit dem weltweiten Erfolg der TV-Serie **BUFFY THE VAMPIRE SLAYER** [Deutscher Titel: Buffy - Im Bann der Dämonen] zusammen. Viele Kritiker, zumindest außerhalb der USA, wußten vor **BUFFY** mit einer Sarah Michelle Gellar gar nichts anzufangen. In den USA hingegen war sie bereits vor **BUFFY** ein Superstar mit Erfolgen, die seinesgleichen suchen. Als sie von einem Agenten entdeckt wurde, war es ihre Ausstrahlung die ihn zuerst ansprach, nicht ihr Talent. Ein vierjähriges Mädchen versprühte eine derart ansprechende Aura, das sich ein mit allen Wassern gewaschener Hollywood Agent beeindruckt zeigt. Das ist etwas nicht ganz alltägliches und spricht für die Einzigartigkeit von Sarah Michelle Gellar.

Nach dem Einstieg über Kurzauftritte in TV-Filmen und einer längeren Schaffensperiode in der Werbung gelang Sarah mit zwei TV-Serien der Sprung an die Spitze. Beleuchtet man die Situation und Umstände ihrer Jugend, so wird schnell klar, dass Sarah Michelle Gellar ein charismatischer Star ist.

Wie es der Erfolg immer mit sich bringt, gibt es an jeder Ecke Neider. Privatsphäre ist wichtig, denn Stars sind auch nur Menschen, mit den gleichen Alltagsproblemen wie wir auch. Leider zeigen sich die Medien stets weitaus mehr am Privatleben von Sarah interessiert, als an ihrer Arbeit. Berichte über neue Freunde, Probleme und Krisen gehen einher mit schlechten Kritiken über ihre neuen Filme. Redakteure und Kritiker wären hingegen besser beraten, wenn sie einmal die Entwicklung von Sarah als Schauspielerin verfolgen würden. Sarah hat es stets verstanden, sich in ihrer Rollenauswahl in keine Kategorie pressen zu lassen. Sie besitzt eine große Bandbreite an darstellerischen Fähigkeiten und wirkt in Horrorfilmen wie **SCREAM** ebenso glaubwürdig, wie in Komödien und anspruchsvollen Dramen. Sicher gibt es nur sehr wenige weibliche Darsteller in Sarahs Alter die über soviel Erfahrung verfügen und eine solche Wandlungsfähigkeit ihr eigen nennen. Sarah Michelle Gellar überzeugt als knallharte Powerfrau und Kämpferin ebenso wie als Intrigantin und romantisches Mauerblümchen. Und das tolle daran ist, das die Identifikation stimmig ist.

Obwohl in den USA bereits mehrfach Bücher über Sarah erschienen sind, gibt es bisher keine Publikation die ihrer Person gerecht wird. Das vorliegende Buch wird versuchen, diese Lücke zu schließen. Dabei soll auch der Respekt gegenüber der Privatsphäre erhalten bleiben, denn auch Sarah Michelle Gellar ist ein ganz normaler Mensch, was leider viele Fans immer gerne vergessen. Und darum wird man hier auch vergeblich nach den kleinen "schmutzigen" Geschichten suchen, von denen ganze Heerscharen von Printmagazinen leben. Diese Biographie ist dem Star Sarah Michelle Gellar gewidmet und hat höchste Achtung vor ihrem Privatleben. Deshalb mein persönlicher Appell an alle Leser: Genießen Sie den Streifzug durch das schauspielerische Leben von Sarah und respektieren Sie, daß allzu Privates hier keine Erwähnung findet.

Günter Sippert
August 2001

Jeder Schauspieler wird irgendwann und irgendwo entdeckt. Sicher gibt es Menschen, die mit dem Wunsch Schauspieler zu werden, das Licht der Welt erblicken, doch auch sie werden entdeckt. Es genügt nicht, sich zum Schauspieler berufen zu fühlen, sondern man muß auch zur richtigen Zeit am richtigen Ort sein. In der Glitzerwelt des Films werden auch heute noch viele Rollen über Beziehungen besetzt und nicht über Talent. Wer die richtigen Leute kennt, macht Karriere. Und dabei stellt sich nicht immer die Frage nach dem Talent. Was nützt es einem Schauspieler, wenn ihm Talent bescheinigt wird, er aber keine Rollen bekommt? Und warum soll jemand ohne Talent "nein" sagen, wenn ihm große Filmrollen angeboten werden, nur weil er eben eine Affäre mit einem finanzkräftigen Produzenten hat oder über sieben Ecken mit einem Filmmogul verwandt ist? In diesen Fällen fragt niemand nach "Talent", sondern greift zu. Der Großteil der Schauspieler erhofft sich aber noch immer die Entdeckung durch einen Agenten oder ein Castingbüro. Das ist nach wie vor der Weg, auf dem die meisten Karrieren beginnen.

Nach was sucht eigentlich ein Agent oder jemand, der Rollen besetzt? Nach schönen Gesichtern, aufregenden Körpern oder schillernden Persönlichkeiten? Oder suchen sie doch eher nach den Menschen mit dem gewissen Extra? Egal nach was sie suchen, diese Leute haben einen Riecher, der den Geschmack von Tausenden oder gar Millionen Theater-, TV- und Filmzuschauern treffen muß. Sie entdecken verborgene Talente und sehen mehr in den Menschen, als diese selbst.

Es war 1981 als einer dieser Spürnasen in New York auf ein kleines Mädchen stieß, daß in einem Restaurant mit Freunden ihrer Eltern zu Mittag aß.

Was war nun ausgerechnet an diesem kleinen, gerade mal 4 Jahre alten Mädchen, so grundlegend anders als an anderen Kindern? Diese Frage läßt sich mit einem Wort beantworten - Ausstrahlung. Es gibt viele makellos schöne Männer und Frauen, doch wie viele davon haben Ausstrahlung? Ein schönes Gesicht wirkt ohne Ausstrahlung kalt und leer, ebenso ein schöner Körper.

Ausstrahlung ist etwas, was man von Geburt an mitbekommt. In gewissem Maße kann man sie auch erarbeiten, doch meist wirkt diese dann aufgesetzt. Warum hatte nun eben dieses kleine Mädchen eine derartige Ausstrahlung, daß ein erfahrener Talentsucher sich angesprochen fühlte?

"Es waren die großen grünen Augen, die mich fasziniert haben," soll jene Person gesagt haben.

Die Vierjährige mit der kleinen süßen Stupsnase und dem netten ungezwungen Lächeln war genau zur richtigen Zeit am richtigen Ort.

Wie reagiert jemand in diesem Alter, wenn er von einer unbekannten Frau angesprochen wird, die eben mal fragt, ob man nicht Lust hätte im Fernsehen zu sein. Und damit war nicht gemeint, für ein TV-Magazin oder eine Nachrichtensendung kurz durchs Bild zu laufen, sondern als Darstellerin in einem Fernsehfilm in Erscheinung zu treten. Welches Kind würde da nicht auch sofort "ja" sagen?

Als sich die Frau Name und Adresse der Kleinen notiert hatte und mit dem Hinweis, sie würde sich wieder melden, gegangen war, dachte niemand sonderlich angestrengt darüber nach. An diesem Tag war ein neuer hoffnungsvoller Stern am Himmel der Kinderstars entdeckt worden - Sarah Michelle Gellar.

Ausgestattet mit brennender Leidenschaft, großem Talent und der Unterstützung ihrer Mutter war ihr weiterer Weg mit harter Arbeit, Rückschlägen und manchmal auch Tränen verbunden. Nicht immer lief alles wie geplant, wenn auch Sarah leicht an ihre erste Rolle im Filmgeschäft kam. Es verging seit dem kaum ein Tag in ihrem Leben, an dem sie nicht hart arbeiten mußte oder es zumindest versuchte. Die Schauspielerei ist das, wofür sie lebt.

Sarah Michelle Gellar wurde am 14. April 1977 als einziges Kind von Arthur und Rosellen Gellar in New York City geboren. Sarah war nach eigenen Angaben ein Kind, daß schon früh im Rampenlicht stehen wollte und sich im Mittelpunkt auch wohl fühlte. Die Schauspielerei hatte sie schon von klein auf an im Blut und sie war schon als Kind ein großes Energiebündel, das immer etwas tun mußte. So führte sie für jeden, der ihr zuhörte oder zusah, etwas auf. Sarah erfand kleine Geschichten oder imitierte Stories aus Filmen. In einem Interview mit der Zeitschrift Soap Magazin gab sie einmal ohne Umschweife zu, daß sie sehr frühreif war. Eine 25jährige in einem Körper eines vierjährigen Kindes. Sie war außerdem absolut anbetungswürdig. Große grüne Augen, eine Stupsnase, ein umwerfendes Lächeln und immer gut drauf. Es war dieses strahlende, aufgeweckte und bewundernswerte kleine Mädchen, daß der Casting Agentin imponiert hatte.

Nach vier Jahren unbeschwerter Kindheit in der Upper East Side von New York sollte nun eine neue Epoche im Leben der kleinen Sarah eingeläutet werden. Kaum zu Hause überraschte sie ihre Mutter mit der Tatsache, daß sie sich entschlossen hatte, Schauspielerin zu werden. Zuerst gab Rosellen nicht sonderlich viel auf die Aussage ihrer Tochter und tat die Erzählung über das Geschehnis im Restaurant als ganz normalen Phantasieausbruch ab. Als jedoch einige Tage später ein Anruf kam, begann ihr klar zu werden, daß Sarah schon ein Stückchen ihrer angeblichen Phantasie wahr gemacht hatte. Genau eine Woche nach ihrer Entdeckung ging Sarah zu ihrem ersten Vorsprechtermin. Und ab diesem Zeitpunkt kristallisiert sich schon heraus, daß sie etwas besonderes war.

Die erste Filmrolle hatte Sarah 1981 in der legendären TV Soap *GUIDING LIGHT* von CBS. Legendär ist diese Serie deshalb, weil sie am 30. Juni 1952 das erste Mal im Fernsehen ausgestrahlt wurde, nachdem das Drama bereits im Januar 1937 seine Premiere im Radio erlebte. Das in einem fiktiven Ort in Springfield angesiedelte Familiendrama feierte im Januar 1997 den 60-ten Jahrestag seiner Ausstrahlung. Sarah trat in einer Folge als Blumenmädchen innerhalb einer Hochzeitsgesellschaft in Erscheinung. Ihr Auftritt fand keine Erwähnung in der Besetzungsliste, aber sie hatte mit ihren vier Jahren bereits den Einstieg in die Fernsehwelt geschafft. Ein halbes Jahr später trat der kleine Wirbelwind in der NBC Sitcom *LOVE, SYDNEY* (1981) auf. Die mit Tony Randall (Sidney Shorr) und Laurie Morgan (Swoosie Kurtz) in den Hauptrollen produzierte Serie lief vom 28. Oktober 1981 bis 29. August 1983. Mittelpunkt der Handlung war das Leben eines Single-Mannes in den besten Jahren, der bei sich eine Single-Mutter mit ihrem Kind aufnimmt, die sein

Leben gehörig durcheinander wirbeln. Die Serie basierte auf dem 1981 produzierten TV-Film **SIDNEY SHORR: A GIRL'S BEST FRIEND.** Sarah trat in einer Episode als Gail Hunnicutt auf und zeigte schon damals eine Vorliebe für erfolgreiche Serien.

Durch ihre kurzen TV-Auftritte wurde auch die Werbeindustrie schnell auf die kleine Sarah aufmerksam und 1982 trat der Fast Food Gigant Burger King an sie heran. Mit fünf Jahren drehte sie ihren ersten Werbefilm und brachte damit eine Lawine ins Rollen, die sie überall mit einem Schlag bekannt machte. Einer dieser Werbespots von Burger King benutzte als einer der ersten die vergleichende Werbung und griff darin in sehr deutlichen Worten - gesprochen von Sarah - das Konkurrenzunternehmen McDonald´s an. Kaum wurde der Spot landesweit ausgestrahlt, reagierte die Chefetage von McDonald´s mit einer Klage auf die Äußerung von Sarah, die im Werbespot deren Burger als "mickrige" Teile bezeichnete. Und wie es in den USA üblich ist, wird dort gerne jeder, für irgend etwas angeblich unrechtes, verklagt. So sah sich dann nicht nur Burger King einer Klage gegenüber, sondern auch die Werbefirma, die den Spot hergestellt hatte und die kleine fünfjährige Darstellerin. Dieses Beispiel warf ein sehr fragwürdiges Licht auf die amerikanische Justiz und ihr Rechtssystem, wo man sogar ein Kind, das noch nicht einmal das Wort

Anwalt aussprechen konnte, schon verklagt wurde. Ohnehin hatte Sarah auch Probleme bei der Aussprache des Wortes "Burger", weshalb man sie vor Dreh des Werbespots sogar zu Sprachübungen schickte. Der Prozeß, bei dem Sarah als Zeuge aufgerufen wurde, fand eine außergerichtliche Einigung. Während des Prozesses hatte man Sarah untersagt, in einem Werbespot aufzutreten. Als der Weg danach rechtlich wieder frei war drehte sie für Burger King über 30 weitere Spots, was ihr ein solides Einkommen sicherte.

Aber das Leben als "Burger King Mädchen" war auch mit gewissen Opfern verbunden. Wenn ihre Freunde z.B. eine Geburtstagsparty feierten, dann geschah dies in der Regel bei McDonald´s und dort konnte Sarah nicht so einfach hineinspazieren. Schließlich pries sie in der Werbung die Menüs von Burger King an und konnte dann nicht einfach zur Konkurrenz gehen. Das hätte dem Image der Werbung geschadet. Also mußte sie sich, wenn sie an den Geburtstagsfeiern teilnehmen wollte, verkleiden, um nicht erkannt zu werden. Keine leichte Aufgabe für ein fünfjähriges Mädchen.

Während Sarahs Mutter, die auch nachher die treibende Kraft in ihrer Karriere war, dem Ansinnen ihrer Tochter Schauspielerin zu werden durchaus Interesse entgegenbrachte, war ihr Vater nicht sonderlich angetan davon. Er hatte Angst, daß Sarah dadurch keine normale Kindheit haben konnte und zu sehr unter Druck stand.

1983 ging Sarah zu ihrem ersten wirklichen Vorsprechen. Das Vorsprechen endete mit einer Zusage für eine kleine Rolle in dem Fernsehfilm **AN INVASION OF PRIVACY.** Dieser Film war vortrefflich für den Start einer Karriere als Kinderstar geeignet, denn die Besetzung konnte sich sehen lassen. Es wirkten Stars wie Valerie Harper (bekannt aus der TV-Serie **RHODA,** die in den 70iger Jahren ein Hit war), Richard Masur, Jerry Orbach, Carol Kane und Jeff Daniels mit. Sarah wurde als Tochter von Valerie Harper besetzt und ihr erster Auftritt war eine großartige Erfahrung. Zuerst fand sie es eigenartig, jemand anderen Mami zu nennen, aber Sarah kam damit schneller zurecht, als mit den anderen Gegebenheiten. Wie es wohl üblich ist im Showgeschäft, werden Filme einmal gezeigt und dann vergessen. Aber nicht für Sarah, denn sie erinnert sich auch heute noch gern und sehr detailliert an das Vorsprechen. In einem Interview des Soap Opera Digest gab sie eine Anekdote zum Besten, wo sie beim Vorsprechen für die Rolle aufgrund des Fehlens von Valerie Harper, einfach deren und ihre eigenen Zeilen las. Diese Spontanität hatte dazu geführt, daß man sie auf der Stelle engagierte.

Sarahs Mutter war der Möglichkeit eines Auftritts in einem TV-Film gegenüber aufgeschlossen und gab der ganzen Aktion einen Pusch. Und diesmal gab es für Sarah eine Nennung in der Besetzungsliste als Sarah Gellar.

Das Jahr 1984 hielt für die siebenjährige Sarah dann einen schmerzlichen Verlust bereit, denn ihre Eltern hatten beschlossen, sich scheiden zu lassen. Bis heute reagiert Sarah kommentarlos auf Fragen nach ihrem Vater und betrachtet einzig allein ihren Stiefvater Steven als ihren wirklichen Vater.

Im Jahr 2000 versuchte Arthur Gellar wieder Kontakt zu seiner Tochter herzustellen, nachdem er über 13 Jahre nicht mit ihr gesprochen hatte. Das ganze zog einige bitterböse Pressemeldungen nach sich.

Die erste wirkliche TV-Rolle mit Text hatte zur Folge, daß Sarah in die Schauspielergilde aufgenommen werden mußte, einer Liste der professionellen Schauspieler. Da in dieser Liste bereits eine Sarah Gellar stand, mußte sich Sarah mit ihrem ganzen Namen dort eintragen lassen, um an weitere Rollen zu kommen. Das war die Geburtsstunde der Schauspielerin Sarah Michelle Gellar.

Während Sarah weiterhin für Werbespots vor der Kamera stand, versuchte sie mit Gastrollen in Serien den Absprung von der Werbe- zur Fernsehdarstellerin zu schaffen. Ein großer Schritt in diese Richtung gelang ihr 1985, als Sarah die Rolle der Emily in der ABC Privatdetektiv TV-Serie **SPENCER: FOR HIRE** (Dt. Titel: Spencer) bekam. Die Serie mit Robert Urich in der Titelrolle lief von September 1985 bis Mai 1988 und brachte es auf 66 Folgen und 4 TV-Movies. Sarah spielte in der Folge **DYNAMIT UND MACHENSCHAFTEN** (Original: Company Man) die Rolle eines kleinen Mädchens im Krankenhaus und war nur ganze vier Minuten zu sehen.

Diese Rolle bezeichnet Sarah auch heute noch als einen ihrer auserkorenen Lieblingsauftritte. Sie fühlte sich damals sofort zu Robert Urich, dem Hauptdarsteller, hingezogen, der selbst Vater war. Robert konnte sich gut in die streßige Welt, unter der die Kinderschauspieler leiden, versetzen. Weg von zu Hause, allein ohne Eltern und Freunde zu sein, womit erwachsene Schauspieler wohl keine Probleme haben.

1986 war auch das Jahr, in dem Sarah das erste Mal auf einer Bühne vor Live-Publikum zu bewundern war. Im Off-Broadway Theater Circle in the Square spielte sie ab 17. Dezember 1986 unter der Regie von Michael Lindsay-Hogg als Zehnjährige die Rolle der Molly in dem Stück **THE WIDOW CLAIRE** an der Seite von Matthew Broderick als Horace Robedaux. Das Stück wurde von 1986-87 aufgeführt und sie trat in den meisten Aufführungen hier auch in Erscheinung. Damals war Matthew der kommende Teenie Star, denn sein gerade erschienener Film **FERRIS MACHT BLAU** (Originaltitel: Ferris Bueller´s Day Off) war ein Kassenschlager und der coole Typ Ferris und sein Darsteller in aller Munde. Das war auch der Grund weshalb Broderick kurz darauf seine Rolle niederlegte und durch Eric Stoltz ersetzt wurde. Dieser verzeichnete mit seinem Film **IST SIE NICHT WUNDERBAR** (Originaltitel: Some Kind Of Wonderful) später ebenfalls einen großen Erfolg.

Sarah hatte jetzt den Einstieg ins TV-Geschäft geschafft und richtete ihr Augenmerk und ihre ganze Energie auf den Ausbau dieser Karriere.

In ihren Anfängen war Sarah Michelle Gellar vorwiegend in der Werbung beschäftigt und drehte über 100 Fernsehspots, davon allein 30 für Burger King. Während ihre Karriere eher ruhig begann, ausgenommen von den rechtlichen Belangen hinsichtlich des Burger King Fernsehspots, kam es im wirklichen Leben zu weitaus mehr Turbulenzen. Ihre schlimmste Zeit hatte Sarah in der Junior High School, zugegeben eine harte Zeit für alle Teens und Twens, aber für Sarah doppelt so hart.

Die Schulzeit ist für jedes Kind mit die prägenste Zeit ihres jungen Lebens, denn dort wird jedem Verantwortung abverlangt. Auch der Umgang mit anderen Kindern kann zur Bewährungsprobe werden, denn jede Erziehung ist verschieden. So prallen dort nicht nur sehr unterschiedliche Charaktere aufeinander, sondern auch sehr unterschiedliche Meinungen und Kulturen. Und das Kinder untereinander grausamer sein können als Erwachsene, mußte auch Sarah hin und wieder am eigenen Leib erfahren.

Aufgrund ihres frühen Einstiegs ins Filmgeschäft konnte Sarah nicht wie jedes andere Kind auf eine normale Grundschule gehen. Von klein auf besuchte sie die exklusive Columbia Grammar School, eine private Schule in der 5 West 93rd Street, gegenüber dem Central Park in New York. Zum einen wurde sie dadurch von "normalen" Kindern ferngehalten, was wiederum ein schweres Los für ihre Entwicklung als Teenager bedeutete. Zum anderen waren die Anforderungen und auch die Einstellung der Mitschüler hier wesentlich härter. Sarah war während ihrer Schulzeit immer ein Außenseiter. Was machte sie so anders? Primär natürlich ihre Karriere. Nach der Schule oder an den Wochenenden hatte sie die Wahl, entweder mit anderen Kindern zum Spielen oder zu Vorsprechterminen zu gehen. Meistens passierte letzteres, was ihr jedesmal sehr viel Überwindung abverlangte. Wenn man als Kind, aber auch als Erwachsener, nicht mehr am öffentlichen und normalen Leben teilnimmt, verliert man seine Kontakte und viele Leute wenden sich von einem ab. Durch die Filmarbeit war es ihr auch nur begrenzt möglich in der Schule Freunde zu finden, denn sie fehlte durch die Teilnahme an Dreharbeiten in manchen

Monaten öfter, als andere Schüler im ganzen Jahr. Diese Tatsache sorgte auch für einen gewissen Neid und teilweise sogar für Unverständnis bei ihren Klassenkameraden. Die Auswirkungen spiegelten sich darin wieder, daß Sarah von Mitschülern gemieden wurde. Das führte dazu, daß sich Sarah, wie sie selbst einmal in einem Interview zugab, einsam fühlte. Ihre Filmarbeit war durch die Ansichten und das Arbeits- und Lebenstempo von Erwachsenen geprägt, dem sie sich schon sehr früh anpassen mußte. Sie war gezwungen schneller zu reifen als ihre Altersgenossen, weshalb Sarah mit den Kindern ihres Alters wenig gemeinsam hatte. Viele ihrer Mitschüler, bei denen es sich vorwiegend um Kinder reicher Eltern handelte, waren es gewohnt, alles auf dem Silbertablett serviert zu bekommen. Sarah war hingegen ganz anders, denn sie hatte sich alles in ihrem Leben hart erarbeiten müssen. Für sie war nichts normal, nichts alltäglich und rein gar nichts selbstverständlich. So gehörte sie einfach nicht zu den anderen dazu. Statt dessen ging sie dazu über, sich mit den jungen Schauspielkollegen zu treffen, die sie bei den Vorsprechterminen oder auf den Sets traf. Eines dieser jungen aufstrebenden Mädchen war Melissa Joan Hart, die durch die TV-Serie *SABRINA* bekannt wurde. Oft sprachen Sarah und Melissa für die gleichen Rollen vor und waren aufgrund ihres Aussehens oftmals direkte Konkurrenten um eine Rolle. Doch es entwickelte sich keine Rivalität aus dieser Situation, denn beide hatten sehr früh als Kinderdarsteller begonnen. Man verstand sich gut und ging oft nach gemeinsamen Terminen zum Essen.

Schlimmer als all die Vorsprechtermine war aber die Tatsache, daß Sarah oft von zu Hause weg war. Sarahs beste Freundin zu dieser Zeit war ihre Mutter Rosellen. Obwohl Rosellen als Lehrerin in einer Vorschule arbeitete, war sie immer für ihre Tochter da. Sie begleitete Sarah fast überall hin und war alles andere als eine Karriere Mutter.

Zwar unterstützte Rosellen, im Gegensatz zu Vater Arthur, Sarahs Bemühungen als Schauspielerin, behielt aber ein strenges Auge auf ihrer Erziehung und Entwicklung. Alle Entscheidungen etwas zu tun, gingen allein von Sarah aus und ihre Mutter hat sie niemals zu etwas gezwungen oder ihr eine Richtung vorgegeben. Ein deutliches Zeichen dafür ist die enorme Bandbreite von Sarah als Darstellerin. In einem Interview äußerte sich Sarah überzeugend auf die Frage nach dem Ende ihrer Karriere, mit der Aussage: "Wenn ich mich jemals dazu entschließen würde, die Schauspielerei an den Nagel zu hängen, so stünde meine Mutter auch hier hundertprozentig hinter mir."

Das Verhältnis von Mutter und Tochter ist bis heute sehr aktiv und für Sarah ist Rosellen auch heute noch ihre beste Freundin.

Rosellen Gellar versuchte Sarah immer eine einigermaßen normale Kindheit zu geben. Außerhalb ihrer streßigen Filmkarriere natürlich. Sie sah immer zu, daß sich ihre Tochter mit den normalen Dingen ihres Alters befaßte, was nicht immer einfach war. Sarah war kein normales Kind, sondern versuchte immer alles bis zur Perfektion zu bringen, was sie anfing. So nahm sie z.B. nicht nur

Übungsstunden im Eislaufen, sondern gewann sogar als Dritte in einem Eiskunstlaufwettbewerb in der regionalen Ausscheidung der New York Eiskunstmeisterschaft eine Bronzemedaille. Ohnehin hat Sarah eine Vorliebe für körperbetonten Sport, wie ihr Taekwon Do Training zeigt, das sie seit ihrem 9. Lebensjahr betreibt. Ihre Fähigkeiten in diesem Sport, sie trägt zwischenzeitlich den braunen Gürtel, waren so gut, daß sie sogar einmal Vierte in der Madison Square Garden Karate Championships wurde. Vielleicht ein Grund weshalb sie dann letztendlich ihre sportlichen Aktivitäten etwas einschränkte war die Mahnung ihrer Mutter, das sie sich für ihr Alter zuviel auf einmal zumutete. Die besorgte Mutter führte in einem klärenden Gespräch ihre Aktivitäten auf - Schule, Schauspiel, Eislaufen, Taekwon Do - und erklärte ihr einleuchtend, das dies nicht alles gleichzeitig gehen kann. Man konnte seine Perfektion nicht in all diesen Dingen zur selben Zeit unter Beweis stellen. Die Schule war ein wichtiger Aspekt, auf die Rosellen großen Wert legte, und sie machte Sarah unmißverständlich klar, das wenn die Noten unter ihren vielen Aktivitäten zu leiden begannen, Einschränkungen vorgenommen würden. Eines Tages war es dann soweit und Sarah wurde vor die Wahl gestellt, was sie außer der Schule noch machen wollte. Sie wählte die Schauspielerei als das Zweite, was niemanden verwunderte.

Nach ihrem Theaterauftritt erhielt Sarah 1986 wieder eine Gastrolle in einer erfolgreichen TV-Serie. Diese international produzierte Serie mit Schauplätzen in Europa lief ursprünglich unter dem Titel **THE LEGEND OF WILLIAM TELL,** wurde aber in zahlreichen Ländern, unter anderem den USA, unter dem Titel **CROSSBOW** ausgestrahlt. Die von August 1987 bis Februar 1989 auf CBN ausgestrahlte, jedoch bereits 1986 produzierte, jeweils 30 Minuten lange Abenteuerserie, brachte es immerhin auf 72 Folgen und 3. Serienstaffeln, wobei jedoch die 3. Staffel in den USA nie ausgestrahlt wurde. Sarah trat in der Folge **ACTORS** (2-13, der 2.Staffel) als Sara Guidotti auf. Sie war einer von über 80 Gaststars der Serie, in der auch Stars wie Gabrielle Anwar, Honor Blackman, Steve Buscemi, Robert Forster und Sadie Frost zum Einsatz kamen.

Sarah konzentrierte sich im Anschluß ganz auf ihre Schulausbildung. Aber trotz einiger Versuche, sich an das Schulleben anzupassen, gelang es ihr nicht. Vielleicht aufgrund ihrer nur halbherzigen Bemühungen für eine Sache, die keinen sonderlichen Reiz auf sie ausübte. Ihre Anpassung scheiterte auch hinsichtlich des richtigen Weges, den sie dafür einschlagen sollte. Mal versuchte sie cool und lässig zu wirken, dann mal wieder ruhig und besonnen, doch alles ohne Erfolg. Als geborene Schauspielerin betrachtete Sarah die Schule zwar als notwendiges Etappenziel, aber ihre wirklichen Ziele lagen außerhalb. Welchem Teenager fällt es schon leicht, sich ständig entweder für schulische oder private Veranstaltungen entscheiden zu müssen. Die schulischen Dinge brachten Kontakt zu gleichaltrigen Kindern und Spaß, die privaten waren geprägt von Hektik und mörderischem Arbeitstempo. Aber sind es nicht

gerade Veranstaltungen wie Ausflüge, Feten, Tanzabende und Abschlußfeiern, die in der Erinnerung und den Herzen der Kinder haften bleiben? Sarah hatte sicher den Vorteil, daß sie im Grunde eher ein scheuer Mensch ist, der sich auf Partys nicht sonderlich wohl fühlt. Dabei darf man eine Promotionveranstaltung, wo es letztendlich um den Erfolg eines Produktes (Film oder Serie) geht, nicht als Party verstehen, wo es darum geht, ausgiebig abzufeiern. Auch wenn man es kaum glaubt, so ist es Sarah lieber, mit ein oder zwei Leuten in einer ruhigen Ecke zu sitzen und sich zu unterhalten. In einer Talkshow antwortete sie einmal auf die Frage, wie wichtig ihr Kontakte seien, folgendermaßen: "Ich fühle mich in der Gesellschaft anderer Leute nicht wohl. Gerade in der Gesellschaft anderer Leute meines Alters. Ich fühle mich viel besser, wenn ich arbeiten kann."

Als 14jährige gewann Sarah 1990 ihre erste Hauptrolle in der NBC TV-Miniserie **A WOMAN NAMED JACKIE** (Dt. Titel: Das Schicksal der Jackie O). Die Serie handelte vom Leben der Jacqueline Bouvier Kennedy und die weibliche Hauptrolle wurde mit drei Schauspielerinnen unterschiedlichen Alters besetzt, die jeweils in einer Lebensperiode zum Einsatz kamen. Sarah war der Part der jungen Jackie zugedacht und sie wurde durch Roma Downey ersetzt, die als erwachsene Jackie den größeren Part im Film hatte. Roma Downey gehört neben Robert Urich zu den wenigen Schauspielern, die Sarah zu dieser Zeit bewunderte. Das beeindruckenste an Sarahs TV-Auftritt war ihre

Fähigkeit, die junge Jackie in Gestik und Mimik so perfekt darzustellen, daß der Übergang zu Roma Downey nur an der äußeren Erscheinung unterschieden werden konnte, nicht jedoch was Gestik und Mimik betraf. Obwohl Sarah im Grunde nur in wenigen Passagen zu sehen war, hinterließ sie einen bleibenden Eindruck, der ihr neue Rollen bescherte. Ein weiterer netter Nebeneffekt, der damals jedoch noch nicht von Bedeutung war, ergab sich durch die Mitwirkung von Mark Metcalf in der Rolle als George Smathers. Eingefleischte Buffy Fans kennen ihn als "Meister", den ersten großen Gegner der Vampirjägerin.

Ein rein düsteres Bild von Sarahs Jugend aufzuzeigen wäre falsch, denn außerhalb der Schule lief es bestens. Die Schauspielerei entwickelte sich vielversprechend und machte Sarah unendlich viel Spaß. Sie bestätigte in zahllosen Interviews, die sie zwischen 15 und 17 Jahren gab, das es zwar eine harte Zeit war, weil sie eben mehr mit Erwachsenen zu tun hatte als mit Gleichaltrigen, aber es ihr trotzdem sehr gut ging. Sie war auch ein ganz gewöhnlicher Teenager, der mal Streiche ausheckte und sich eben mal aus Langeweile die Haare kunterbunt färbte. Und es gab auch zahlreiche Freunde in ihrer Jugend, mit denen sie unterwegs war. Es ist dabei unrelevant, daß es sich um andere Schauspielerinnen handelte, die zum Teil viel älter waren als sie. Da gab es zum Beispiel Eva LaRue, die mit Sarah in der Soap *ALL MY CHILDREN* spielte. Sie war eine Zeitlang Sarahs beste Freundin, obwohl der Altersunterschied zehn Jahre betrug.

Und wer hätte gedacht, daß die Lieblingsbeschäftigungen der jungen Sarah Michelle Gellar ausgerechnet Shopping (einkaufen), telefonieren und mit ihren Freunden tanzen war. Gab es hier einen Unterschied zu anderen Kids?

Sarahs Leben wandelte sich zum besten, als sie im laufenden Schuljahr die High School wechselte, und in die Professional Children's School in Manhattan kam. Diese Schule hatte den Vorteil, daß dort nur Kinder unterrichtet wurden, die allesamt aus dem Showbusiness kamen. Hier waren Gleiche unter Gleichen und es gab keinen Neid oder Mißgunst. Man kann sagen, es handelt sich bei dieser Schule um eine Bildungseinrichtung für Kinder außerhalb der Norm. Eine Art Sammelbecken jugendlicher Talente, die sich hier aufgrund ihrer Fähigkeiten frei entfalten konnten und der Bildungsablauf dadurch nicht behindert wurde. Jeder Schüler hatte ein bestimmtes Talent und jeder wurde hier respektiert. Endlich hatte Sarah einen Ort gefunden, wo sie ihre Schauspielleidenschaft und die Schulbildung parallel verfolgen konnte, und sich wegen Fehltagen kein schlechtes Gewissen mehr einreden lassen mußte oder irgendwo gehänselt wurde. Diese Erleichterung fand jedoch keinen Ausdruck darin, daß Sarah ihre Ausbildung nun vernachlässigte.

Auf eine Frage in einem Online Interview äußerte sich Sarah über ein besonderes Erlebnis in der Schule wie folgt: *"EARTH IN THE BALANCE* ("Die Erde im Gleichgewicht" von Al Gore) war eines der Bücher, das auf meiner Liste an Lektüre stand und mich nachhaltig beeinflußte. Als ich den Titel las, war ich nicht besonders wild darauf es zu lesen. Aber dieses Buch entpuppte sich als ein brillantes Machwerk. Ich las es und kann gar nicht beschreiben wie Recht Al Gore mit seinen Ausführungen in diesem Buch hatte. Es handelt von Menschen, die die Natur vernichten. Ich bin der Meinung, das alle Menschen in unserem Land, dieses Buch lesen sollten."

Ungeachtet der Tatsache das sich Sarah an der neuen Schule wohler fühlte, hatte sie nach wie vor ihre Entscheidungskämpfe auszufechten. Sie war im Showbiz tätig und verzichtete nicht zu Gunsten ihrer Schulbildung auf weitere Rollen. Die Folge waren auch hier lange Fehlzeiten.

Im Jahr 1992, kurz nachdem sie die Schule gewechselt hatte, erhielt Sarah eine Rolle in dem Theaterstück *JAKE'S WOMEN* von Neil Simon. Sie spielte darin die zwölfjährige Molly, obwohl sie bereits 15 Jahre alt war. Hier zeichnete sich bereits ab, daß Sarah prädestiniert ist, entweder ältere oder jüngere Charaktere zu spielen, doch selten solche in ihrem Alter.

Nach zwei Jahren verließ Sarah die Schule endgültig. Sie hatte währenddessen hart an ihrer Bildung gearbeitet und zwei Schuljahre gleichzeitig bewältigt, also innerhalb von zwei regulären Schuljahren vier Bildungsstufen durchlaufen. Welcher Teenager hat schon einen derart starken Antrieb eine solche Leistung zu vollbringen, und nebenher noch als Schauspieler zu arbeiten? Rollentexte lernen, konzentrierte Leistungen vor der Kamera erbringen und sich noch mit Geometrie und Algebra die Nacht um die Ohren zu schlagen. Sarah wollte das leidige Thema Schule endgültig hinter sich bringen, aber sie wollte auch einen Abschluß haben. Diesen erlangte sie dann erfolgreich 1995 gleichzeitig mit dem Gewinn des Daytime Emmy Award als bester weiblicher Newcomer.

Auch heute wird es Sarah in Interviews noch leid, wenn sie von Reportern gefragt wird, ob die frühe Karriere nicht ihre Kindheit negativ beeinflußt hat. Sie antwortet dann oftmals sarkastisch, daß die Schauspielerei ihr Leben ist und sie sich nie hatte vorstellen können, überhaupt etwas anders zu machen. Der frühe Einstieg war ein Segen, denn so ist sie von Kindesbeinen an in das Metier der Film- und Fernsehwelt hineingewachsen. Sie ist mit jungen Schauspielern aufgewachsen oder in die Schule gegangen, die den Wechsel vom Kinderdarsteller zum ernstzunehmenden erwachsenen Darsteller nicht geschafft haben, wie zum Beispiel Macaulay Culkin (bekannt als Star des Films *KEVIN ALLEIN ZU HAUSE*).

Der Druck einer Schauspielkarriere kann sehr belastend wirken, wenn man sich selbst zu hohe Ziele setzt oder den Boden unter den Füßen verliert. Sarah hat den Vorteil, daß sie ihre Karriere hart erarbeitet hatte und nicht praktisch über Nacht ein Star wurde. Wäre sie ohne ihre ereignisreiche Jugend sofort mit einer Rolle wie Buffy gestartet, hätte es vielleicht passieren können, das sie dem Druck und dem Erfolg nicht standgehalten hätte. So aber kam sie über kleine Rollen und eine fundierte Lehrzeit an ihre Traum- und Erfolgsrolle. Ein anderes gutes Beispiel für ein Kinderdarsteller, der den Sprung ins Erwachsene Fach geschafft hat, ist Christina Ricci, mit der Sarah ebenfalls die

Schulbank drückte. Beide Darstellerinnen haben sich von Erfolgen nie den Kopf verdrehen lassen und haben sich integriert, sich ihren eigenen unverwechselbaren Stil geschaffen. Unter diesen Prämissen ist es nicht immer korrekt, wenn Reporter in Interviews die schwierige Lage von Kinderdarstellern anführen und behaupten, sie würden dadurch ihre Kindheit aufgeben. In vielen Fällen ist es erwiesenermaßen besser, sich als Kind mit älteren Menschen zu umgeben, denn sie haben eine andere Sichtweise der Dinge, als Gleichaltrige. Und oftmals fungieren ältere Darsteller, bei Sarah zum Beispiel Robert Urich und Roma Downey, als lebende Idole, zu denen sie aufschauen. Sie haben vielleicht in ihrer Entwicklung Ideale, die normalen Kindern fehlen. Natürlich sind sie unter Umständen gezwungen früher und schneller erwachsen zu werden, doch die Erfahrung hat gezeigt, daß sich dieser scheinbare Druck positiv in der Entwicklung der Schauspieler ausgewirkt hat. Die Arbeit mit Erwachsenen ist für Kinder ein großer Ansporn und eine Herausforderung Verhaltensweisen, gute wie schlechte, zu imitieren. Ein Lerneffekte, der unter anderem die soziale Kompetenz vermittelt und wie man mit anderen Leuten sprechen muß. Das sind Dinge, die viele normale Kinder erst sehr spät lernen. Im Fall von Sarah Michelle Gellar hat sich diese Entwicklung dadurch geäußert, das sie sich aufgrund ihrer Schauspielkarriere eine besondere persönliche Note angeeignet hat. Und während in der Schule, also im Teenageralter, ihre gleichaltrigen

Mitschüler noch auf der Suche nach ihrem Ich und ihrer Identität waren, hatte Sarah sich wesentlich früher erkannt und gefestigt. Sie wußte, wer und was sie war und unterstrich das mit ihren beeindruckenden Leistungen.

Ein Kinderdarsteller der auch noch heute sehr aktiv und erfolgreich ist, trotz großer Erfolge aber nie den Boden unter den Füßen verloren hat, ist Kurt Russell, einst Kindersuperstar von Walt Disney Filmen.

Sarah hat ihre Kindheit und Jugend als Herausforderung betrachtet. Sie hatte immer die Intention Schauspielerin zu werden und hat sich dieses Ziel sehr diszipliniert und konsequent erarbeitet. Sie hat dank ihrer Entschlossenheit den Wandel von einer reinen Werbedarstellerin zu einer kompetenten Fernsehschauspielerin geschafft.

Ein angenehmer Nebeneffekt der Schauspielerei war das Reisen. Sarah konnte dank ihrer unterschiedlichen Rollen einen Großteil der USA sehen und hatte auch die Gelegenheit Orte in Übersee, wie zum Beispiel bei den Dreharbeiten zu *CROSSBOW* Frankreich und die Schweiz, kennenzulernen. Welches Kind kann schon auf derartiges zurückgreifen? Das beste jedoch war, daß ihre Reisen bezahlt wurden, sie sogar noch Gage bekam und Erfahrungen sammeln konnte, die selten andere Kinder ihres Alters machten.

Sarah hatte das Glück, daß ihre Mutter sie auf fast all ihren Dreharbeiten begleitete und an ihrer Seite stand. Sie achtete trotz allem auch immer darauf, daß Sarahs Bildung nicht zu kurz kam. In einem Interview äußerte sich Sarah einmal wie folgt zum Thema "Dreharbeiten in anderen Städten": "Die Regel, die meine Mutter aufstellte war, das wenn wir länger als 6 Tage in einer Stadt waren, wir den siebten Tag dazu nutzen, etwas über diese Stadt zu erfahren in der wir arbeiteten. Wir besuchten Museen und andere Plätze von lokalem Interesse."

Von 1981 bis 1992 schaffte es Sarah, sich durch zahlreiche Auftritte einen Namen in der Branche zu machen. 1992 erhielt die Fünfzehnjährige dann ein Angebot, daß mit einem Schlag alles ändern sollte und aufgrund einer Vorliebe von Sarah ein bißchen ironisch anmutete. Sarah war als Kind ein Fernsehjunkie, sie war süchtig nach sogenannten Soap Operas.

Die deutsche Übersetzung für den Begriff lautet sprichwörtlich "Seifenoper". Darunter versteht man im engeren Sinn eine täglich ausgestrahlte Fernsehserie, aber auch groß angelegte Familienserien wie seinerzeit *DALLAS* oder *FALCON CREST*, deren Inhalt sich um Intrigen, Liebschaften, Macht und Geld dreht.

Für Sarah waren diese Soaps eine Art von Flucht aus dem Alltag, aber auch eine Fundgrube für ihre Entwicklung als Schauspielerin. Hier bekam sie eine riesige Facette unterschiedlicher Charaktere präsentiert, teilweise flach und eindimensional ausgebaut, doch jeweils mit allen Arten von Gefühlsregungen und deren unterschiedliche Darstellung. Und damals keimte der Wunsch in Sarah, auch einmal in einer solchen Serie mitzuspielen. Ein Wunsch der sich schließlich mit der TV-Serie *SWANS CROSSING* erfüllt.

Die Sucht der Fernsehzuschauer nach Seifenopern, sogenannten Soaps, ist heute größer denn je. Die teilweise mit einfachsten Mitteln produzierten Daily Soaps (tägliche Fernsehserien), haben den einstigen wöchentlichen Soap Urgesteinen **DALLAS, FALCON CREST** und **DENVER CLAN** längst den Rang abgelaufen. Während zu Beginn der 80er Jahre in Deutschland vorwiegend US-Soaps dominierten, hat sich die Produktionslandschaft besonders Anfang der 90er Jahre merklich verändert. Nach dem großen Erfolg des deutschen Paradebeispiels **LINDENSTRASSE,** zogen die Soaps auch in Deutschland auf jedem Kanal ein und gehören heute längst zum täglichen Serienallerlei auf allen rechtlichen und privaten Fernsehkanälen.

Als Anfang der 90er Jahre außerhalb der USA noch niemand eine Sarah Michelle Gellar kannte, schickte sich diese in ihrer Heimat an, ein erfolgreicher Soap Star zu werden. Und wie es Sarahs Naturell entspricht, hatte sie auch hier einen Hang zur Perfektion. Im Jahr 1989 hatte sie bereits erste Erfahrungen in einer TV-Serie gesammelt. Natürlich war das nicht irgendeine Serie gewesen, sondern ein ernstgemeinter Versuch, Kinder als Zielpublikum für eine Talk Show zu gewinnen. Das Projekt lief unter dem Titel **GIRLS TALK** und ging am 11. August 1989 erstmalig auf Sendung. Die Show bot an jedem Samstag morgen eine Stunde Unterhaltung für junge Mädchen. Der "Talk" fand zwischen den drei Moderatoren - Sarah Michelle Gellar, Soleil Moon Frye und Rod Brogan - statt und drehte sich ausschließlich um Kleidung, Jungs und andere Dinge, über die Mädchen gerne sprechen. Das Konzept konnte die weiblichen Teens jedoch nicht überzeugen und **GIRLS TALK** verschwand nach nur fünf Ausgaben von der Mattscheibe.

Im Jahr 1992 gab es wieder eine TV-Serie mit Sarah, und man kann dieses Jahr mit Recht als ihr bisher wichtigstes Karrierejahr bezeichnen. Zuvor hatte sie Werbespots gedreht, war als Gaststar in einigen TV-Serien aufgefallen und konnte je zwei kleine Rollen in TV- und Kinofilmen vorweisen. Nun aber erhielt sie die Möglichkeit in einer TV-Serie zur illustren Runde der Stammdarsteller zu gehören. Als die Besetzung für ein bis dahin wohl einmaliges Projekt, der ersten Teen Soap überhaupt, in Angriff genommen wurde, war auch Sarah beim Vorsprechen. Beim Casting zu dieser Serie mußte sich Sarah gegen ein Dutzend andere Bewerberinnen durchsetzen. Sie lieferte die beste Vorstellung und die Rolle der reichen und verwöhnten Sydney Orion Rutledge ging an Sarah. Sydney war die Tochter der Bürgermeisterin, dargestellt von Ziska Beveridge, von Swans Crossing, die ständig Ärger mit ihrem Ex-Freund Garrett Booth hatte. Sarah glänzte in dieser Rolle als reiche verzogene Göre durch überzogenen Egoismus. Sie war ein Charakter der über Leichen ging und nicht zu den Sympathieträgern der Serie zählte.

Das Engagement konnte als Meilenstein gefeiert werden. Denn damit hatte Sarah nicht nur ihre erste große Hauptrolle gewonnen, sondern konnte auch erstmalig über einen längeren Zeitraum hinweg arbeiten.

Dieses innovative Pilotprojekt, das ganz auf die Zielgruppe der Teens und Twens ausgerichtet war, trug den Titel *SWANS CROSSING* und ging mit großen Erwartungen an den Start.

Während die Kinder bei früheren Soaps gar nicht oder nur am Rande berücksichtigt wurden, so drehte sich hier alles nur um sie. Alle Hauptdarsteller waren Teens und die Erwachsenen traten lediglich in Statistenrollen auf.

SWANS CROSSING, der Name steht übrigens für einen fiktiven Ostküstenort in den USA, wurde von März bis August 1992 an Schauplätzen in New York gedreht. Außer in den Hallen der Kaufman-Astoria Studios drehte man auch an Locations in Long Island. Einige Folgen entstanden auch in Florida. Die Serie stellte ein Versuch dar, jugendliche Zuschauer vor dem Fernseher zu versammeln, und war ganz auf die Wünsche und Träume dieser Zielgruppe ausgerichtet. Es gab Themen wie Freundschaft, Romanzen, Liebe, Intrigen und Skandale.

Die Serienerfinder Mardee Kravit und Ned Kandel entwickelten für ihre Handlung 12 Hauptfiguren im Alter von 15 Jahren, alle aus reichen und einflußreichen Familien. Als Zielpublikum visierte man die Altersgruppe von 7 bis 15 Jahren an und setzte dabei auf unbekannte Darsteller im Alter von 13 bis 15 Jahren.

SWANS CROSSING feierte am 29. Juni 1992 TV-Premiere. Die Serie, mit ihren halbstündigen Episoden, lief bis September 1992 und wurde dann nach immerhin 65 Folgen eingestellt. Obwohl zur damaligen Zeit ein absoluter Hit, erinnert sich heute fast kaum jemand daran und falls doch, eigentlich nur in Verbindung mit Sarah Michelle Gellar oder Mira Sorvino, die sich darin ihre ersten Sporen im Fernsehgeschäft verdienten. Während Sarah zur Stammbesetzung der Serie gehörte, spielte Mira Sorvino nur in den ersten Folgen eine wiederkehrende Rolle als Sophia Eva McCormick Decastro.

Ein großes Manko der Serie waren die Sendetermine, denn sie lief an verschiedenen Tagen und zu verschiedenen Zeiten. *SWANS CROSSING* hatte auch einmal das Pech, um 6 Uhr morgens ausgestrahlt zu werden. Trotzdem hatte die Serie ein gutes Konzept und war sehr wichtig für die Karriere von Sarah. Zweifelsohne hatte Sarah die meiste Erfahrung im Vergleich zu ihren jungen Kollegen, die bis dato noch recht unbekannt waren. Es gab außer ihr nur zwei Darsteller, die es auch schon zu Ruhm im Fernsehgeschäft gebracht hatten. Shane McDermott, der den reichen Rebellen Garrett Booth verkörperte, war ein Star der Serie *AIRBORNE* und trat kontinuierlich in diversen täglichen Soaps auf. Die andere war Brittany Daniel, die Mila Rosnovsky - die Widersacherin von Sydney - spielte. Sie erklomm die Karriereleiter zusammen mit ihrer Zwillingsschwester Cynthia, einem Teenie Star in der Fernsehproduktion *SWEET VALLEY HIGH.*

Aufgrund der Vielzahl junger Darsteller suchte die Klatschpresse am Set der Serie immer nach Schlagzeilen. Besonders auf die Darsteller der unsympathischen Charaktere, allen voran Sarah als intrigante Sydney, hatte man es abgesehen. Und wenn sich nichts fand, was die Regel war, dann erfanden die Gazetten einfach ihre Geschichten. Als Sarah einmal den Wünschen eines Fotografen nicht zur Genüge Folge leistete, verkündete er kurz darauf lauthals, daß Sarah ebenso arrogant und hochnäsig sei, wie ihr Alter Ego Sydney Rutledge. Welchen Wahrheitsgehalt solche Meldungen hatten, konnte nie vollständig nachvollzogen werden, denn zum Ärger der Reporter verstand sich Sarah sehr gut mit ihren Kollegen. Grund für das gute Verhältnis am Set war die Tatsache, daß die meisten jungen Schauspieler auch außerhalb der Arbeit freundschaftlich miteinander verbunden waren. Für den Zusammenhalt sorgten neben gemeinsamen Garderoben auch ein Klassenzimmer, in dem die Teens nebenbei unterrichtet wurden.

Die Produktion der Serie wurde Ende August 1992 eingestellt, obwohl sie eine große Fangemeinde aufgebaut hatte. Es gab danach stetige Meldungen über eine Fortsetzung der Serie, doch bis heute gibt es keine neuen Folgen und sicher würde sich Sarah auch nicht zu einer Rückkehr bewegen lassen. Ein besonderes Highlight von *SWANS CROSSING* dürfte das nach derem Vorbild produzierte Puppenset der Spielzeugfirma Playmates Toys gewesen sein. Es gab sogar eine Puppe, die Sarahs Charakter Sydney nachempfunden war und "Hangin' Out Sydney" hieß.

Die Rolle in *SWANS CROSSING* bedeutete für Sarah den Durchbruch und ihre Bekanntheitsskala zog dadurch stetig nach oben. Nach Einstellung von *SWANS CROSSING* tingelte sie fast zwei Monate zwischen New York und Los Angeles auf der Suche nach neuen Herausforderungen, bevor Sarah im wahrsten Sinn des Wortes einen Volltreffer landete. Das Vorsprechen für eine Rolle in der TV-Serie *ALL MY CHILDREN* sollte sich als Wendepunkt in ihrer

Karriere erweisen.

1993 entschieden sich die Produzenten von **ALL MY CHILDREN (AMC)** der Serie eine neue Richtung zu geben. So schrieb man für Erica Kane, eine der Schlüsselfiguren von **AMC,** eine Soap gerechte Tochter ins Drehbuch. Diese sollte sich in der Serie als junges Mädchen auszeichnen, das genau wußte, wie sie ihre Rache ausführen mußte. Sie hieß Kendall Hart und war im Babyalter zur Adoption freigegeben worden, weil sie aus einer Vergewaltigung hervorging. Das Mädchen, das unangemeldet in Pine Valley eintraf, entpuppte sich als streit- und rachsüchtige Person. Das Ziel ihrer lang anhaltenden Wut war die Mutter, die sie weggab - Erica Kane.

Als die Produzenten Sarah sahen, erinnerten sie sich lebhaft an ihre Leistungen in *SWANS CROSSING* und befanden sie als die perfekte Besetzung für die Rolle der Kendall Hart. Sydney Rutledge und Kendall Hart waren aus dem gleichen Holz geschnitzt und beides waren raffinierte Intrigantinnen in einem engelsgleichen Teenagerkörper.

Für Sarah war die Rolle die bisher beste in ihrer jungen Karriere. Viele Jungschauspielerinnen beneideten sie um die Rolle, denn der Charakter hatte viel Spielraum zur Entwicklung und Sarah konnte sich damit gut identifizieren, denn sie spielte als Teenager einen Teenager. In der Regel wurden solche Rollen mit älteren Schauspielern besetzt, die aber oftmals Probleme hatten, mit ihren darstellerischen Leistungen als Teenager zu überzeugen.

Sarah wußte beim Casting nicht, welche Rolle in der Serie besetzt werden sollte. Es gab nur einige Gerüchte, aber es wurde nichts konkretes über die wahren Charakterzüge der Kendall verkündet. Das allein trug dazu bei, daß sich Sarah sehr intensiv um diese Rolle bemühte. Als sie dann hörte, daß sie Kendall Hart, die verschollene Tochter von Hauptdarstellerin Susan Lucci spielen würde, wurde es ihr etwas mulmig. Die Rolle der Kendall zu spielen, war wohl die größte Herausforderung, weil man als Gegenspielerin keine geringe als Susan Lucci hatte. Wer sich in der US-Soap-Szene auskennt, weiß, das Lucci dort ein Superstar ist, der eine unglaubliche Karriere gemacht hat. Die Produzenten waren aus diesem Grund auf der Suche nach einer Schauspielerin erster Güte, die aufgrund ihrer Fähigkeiten neben einem Topstar wie Susan Lucci bestehen konnte. Aus der Vielzahl der Bewerber ging schließlich Sarah hervor, denn ihr traute man den Part zu, da sie sowohl den notwendigen Sexappeal für die Rolle mitbrachte und zudem als powervolle Jungschauspielerin bereits in *SWANS CROSSING* ihre "Biest" Qualitäten eindrucksvoll vorgeführt hatte. Damals hatte Sarah noch nicht die geringste Ahnung, worauf sie sich mit ihrer Zusage einließ.

In erster Linie war Sarah selbst eine eifrige Konsumentin von Soaps. Diese Seifenopern waren ein erstaunliches Lernmedium, es gab nichts vergleichbares. Während viele Schauspieler mehr oder weniger erfolgreich Schauspielschulen absolvieren, bezog Sarah ihre Lektionen größtenteils aus dem täglichen Fernsehleben von Soaps.

Solche Serien sind mit nichts zu vergleichen, denn hier gibt es jeden Tag ein neues Drehbuch. Zudem ist der Arbeitsaufwand, den man in einer Soap bewältigen muß, nicht mit anderen Produktionen vergleichbar. Hier herrscht das Motto: Wenig Zeit, viel Arbeit. Bei **ALL MY CHILDREN** lagen zum Beispiel nur zwei bis drei Wochen zwischen Produktion und Ausstrahlung.

Sarah spürte instinktiv, daß die Rolle der Kendall für sie eine riesige Chance war, die sie ergreifen mußte, koste es was es wolle. Damals wie heute sind solche ausdrucksstarken Rollen für Teenager rar und die Konkurrenz riesig groß. Während aber viele junge Darsteller gar nicht wußten, worauf sie sich bei einer Soap einließen, hatte Sarah bereits Erfahrung damit und auch die Kraft und Ausdauer eine solche Herausforderung zu bewältigen.

Die Serie **ALL MY CHILDREN** hatte 1970, sieben Jahre vor Sarahs Geburt, Premiere auf dem Fernsehkanal ABC. Es ist eine Soap Opera, die in einem fiktiven Ort in den USA namens Pine Valley spielt. Die Serie ist, wie seinerzeit **GUIDING LIGHT,** ein Ausnahmephänomen in der US-Fernsehlandschaft. Die erste Folge von **ALL MY CHILDREN** wurde am 5. Januar 1970 ausgestrahlt und bis zum heutigen Tag (2001) werden neue Folgen produziert. Zum 25-jährigen Jubiläum der Serie, am 5. Januar 1995, wurde Folge 6.450 ausgestrahlt und Susan Lucci ist neben Mary Fickett, Ray MacDonnell und Ruth Warrick die einzige Darstellerin, die seit Start der Serie bis heute noch dabei ist. **ALL MY CHILDREN** war ursprünglich als halbstündige Soap konzipiert und wurde im April 1977 auf jeweils einstündige Folgen verlängert.

Am 24. Februar 1993 begannen für Sarah im New York City Studio die ersten Dreharbeiten als Kendall Hart auf dem Set von **ALL MY CHILDREN.** Im März flimmerte bereits die erste Folge mit ihr über die Mattscheibe. In einem Interview während dieser Zeit gab Sarah offen zu, daß sie zum ersten Mal in ihrem Leben wirklich Angst hatte, in ihrem Job zu versagen. Die Serie lief seit 1970 und gehörte zu den absoluten Soap Highlights in den USA. Es stellte sich aber schnell heraus, daß ihre Besorgnis unbegründet war, wie Sarah in einem Interview mit der Zeitschrift Soap Magazin erzählte. "An meinem ersten Tag kam ich zum Set, schnappte mir einen Kaffee und sah Susan Lucci und

Sarah in „SWANS CROSSING"

Michael Nader bei den Proben einer Szene zu. Als sie mich sah unterbrach sie die Probe, kam zu mir und begrüßte mich. Anschließend stellte sie mich den Leuten am Set vor." Als der erste Kontakt hergestellt war und die Angst sich gelegt hatte, kehrte Sarahs Professionalität als Schauspielerin zurück.

Da die Serie in New York gedreht wurde, konnte Sarah in ihrer vertrauten Umgebung bleiben, was sich positiv auf ihre soziale Kompetenz auswirkte. Sie hatte dadurch endlich einmal die Zeit Freundschaften einzugehen und diese auch zu pflegen. Ihre Kollegin Lindsay Price, die als An Li Chen Bodine von 1991 bis 1993 in AMC mitspielte, wurde während der gemeinsamen Arbeit zu einer ihrer besten Freundinnen. Lindsay, eine Klassenkameradin aus der Professional High School, ist eineinhalb Jahre älter als Sarah und teilte sich

mit ihr während der Zeit bei AMC eine Garderobe. Wann immer es sich einrichten ließ, lernten sie zusammen ihre Rollen oder machten gemeinsam Hausaufgaben, während sie sich mit chinesischem Essen versorgten. Nach dem Ausscheiden von Lindsey fand Sarah in Eva LaRue Callahan eine neue Freundin, mit der sie danach eine Garderobe teilte. Obwohl der Altersunterschied 11 Jahre betrug, verstanden sich die beiden ausgezeichnet und Callahan sagte in einem Interview über Sarah, das sie eine vierzig Jahre alte Frau gefangen in einem 17-jährigen Körper sei, und trotz ihres Alters schon eine Art Weisheit erworben hatte. Sarahs Arbeitseinstellung und Reife, mit ihren gerade mal 17 Jahren, überraschte und verwirrte auch einige ihrer Serien Co-Stars. Eva LaRue Callahan gab in einem weiteren Interview eine Anekdote über einen gemeinsamen Auftritt mit Sarah zum besten, bei dem man Sarah aufgrund des Altersunterschiedes einmal für ihre Tochter gehalten hatte, worüber Eva schockiert war. Sie stellte sich damals insgeheim die Frage, ob sie tatsächlich schon so alt aussah, daß man ihr eine Tochter im Teenageralter zutraute. Das Verhältnis zwischen den beiden änderte sich dadurch allerdings nicht und Eva bezeichnete Sarah als sehr loyale und liebevolle Freundin.

Sarah war trotz ihres Alters sehr professionell und konnte sich ausgezeichnet auf ihre Arbeit konzentrieren. So dauerte es nicht lange, bis sie sich komplett in die Rolle der Kendall eingefunden hatte. Kendall Hart war zuerst als unbedeutende Assistentin von Erica Kane angelegt und entpuppte sich erst später als verschollene Tochter, die sich an der Mutter rächen wollte.

Sarah hatte keinerlei Probleme damit als 23-jährige überzeugend zu wirken, obwohl sie gerade mal 16 war. Sie war dabei so gut, daß nach kurzer Zeit jeder Außenstehende der Meinung war, daß sie im wirklichen Leben kein Deut anders sei als Kendall. Aber dem war nicht so, ausgenommen vielleicht die gemeinsame Fähigkeit Ziele anzuvisieren und auch zu erreichen. Kendall Hart war eine personifizierte Intrigantin, die jeden ausnutzte, um ihre Ziele zu erreichen. Doch davon war und ist Sarah als Privatperson weit entfernt.

Vor allem in der Anfangsphase war **ALL MY CHILDREN** eine sehr schöne

Serie für Sarah, die ihre Rolle sehr gerne spielte. Für ein Mädchen, das diese Arbeit so sehr liebte, brachte die Serie eine Menge Entfaltungsmöglichkeiten mit sich. Außerdem bekam sie immer mehr tragende Dialoge und auf sie zugeschnittene Szenen, wodurch es ihr gelang, der Serie auch ihren eigenen Stempel aufzudrücken. In der Zeitschrift People Magazin las man kurze Zeit nach ihrem Einstieg, daß Sarah wieder Leben in eine 24 Jahre alte Serie gebracht hatte. Während der ersten 14 Monate in Pine Valley bestand Kendalls Hauptaktivität einzig darin, ihre Mutter und ihren Stiefvater auseinander zu bringen, wobei es Sarah nicht immer leicht fiel, eine Psychopathin zu spielen.

Die Arbeit bei AMC hat aus Sarah einen Profi gemacht. Neben den täglichen Aufnahmemarathons (jede Folge hatte sechs Akte und eine Einleitung) und bis zu 40 Textseiten pro Tag (ein typisches AMC Drehbuch hatte 80 Seiten) schaffte sie es sogar noch, ihren High School Abschluß vorzubereiten und erfolgreich zu bestehen.

Während ihrer zweieinhalbjährigen Mitarbeit bei **ALL MY CHILDREN** kam es gegen Ende immer öfter zu Spannungen zwischen ihr und Susan Lucci. Anfangs kam sie mit ihrer TV-Mutter sehr gut aus und sie war begeistert von Susans schauspielerischer Leistung. Irgendwann änderte sich diese Situation und die anfänglichen Lobeshymnen wandelten sich zur Kritik. Vielleicht war es der Druck unter dem Sarah stand, denn sie war die einzige Darstellerin unter 18 Jahren mit einem vollwertigen Vertrag für diese Produktion. Andere Serien haben aufgrund dieser Tatsache in der Regel mehrere jüngere Darsteller, was sich dann auch positiv auf das Arbeitstempo auswirkt. Sarah arbeitete aber ausschließlich mit Erwachsenen und mußte sich demzufolge an deren Arbeitsstil anpassen, ohne das man sonderlich viel Rücksicht auf ihr Alter nahm. Nach jedem Arbeitstag brauchte Sarah fast eine Stunde um überhaupt erst einmal abschalten zu können. Und dann gab es noch die Berichte der Regenbogenpresse. So bezeichnete 1995 zum Beispiel die Zeitschrift TV-Guide in ihrer Juli Ausgabe Sarah, in Anspielung auf ihre Rolle, als gewissenloses Luder. Da es keine Skandale um sie gab, wurden einfach welche erfunden. Erst als Gerüchte über das angespannte Verhältnis zwischen Gellar und Lucci aufkamen hatte die Presse etwas mit Wahrheitsgehalt zu bieten. Darauf stürzten sie sich dann auch wie die Aasgeier und versäumten es auch nicht, die ganze Sache wieder übermäßig aufzupolieren. Es erschienen Berichte, in denen man zum Beispiel lesen konnte, das Susan es nicht ertragen könne neben einer jungen Schauspielerin zu stehen, die jünger, hübscher und auch noch talentiert wäre. Andere wiederum fielen über Sarah her und bezeichneten sie als schnippische Göre. Was immer auch zwischen Sarah Michelle Gellar und Susan Lucci zu jener Zeit vorgefallen war, bleibt deren Geheimnis. Bis heute beweisen noch beide zuviel Klasse, um die damaligen Umstände preiszugeben, obwohl keine von ihnen leugnet, daß es in jener Zeit zu grundlegenden Differenzen gekommen war.

Sicherlich war die Thematik der Emmy Auszeichnungen von 1994 und 1995 ein Konfliktstoff. Susan Lucci war bis dato bereits 18 Mal in der Kategorie "Outstanding Lead Actress in a Daytime Drama Series" für den Daytime Emmy Award nominiert worden, hatte ihn aber bisher nie gewonnen. Sarah erhielt bereits nach nur einem Jahr bei **ALL MY CHILDREN** zum ersten Mal eine Nominierung in der Kategorie "Outstanding Younger Leading Actress in a Drama Series", was selbst Lucci zur damaligen Zeit nicht geschafft hatte. Allein die Nominierung war für Sarah Anlaß zum Jubel, auch wenn sie in diesem Jahr noch leer ausging. 1995 erhielten dann sowohl Lucci als auch Gellar eine Nominierung. Während Susan Lucci erneut keinen Emmy gewann, konn-

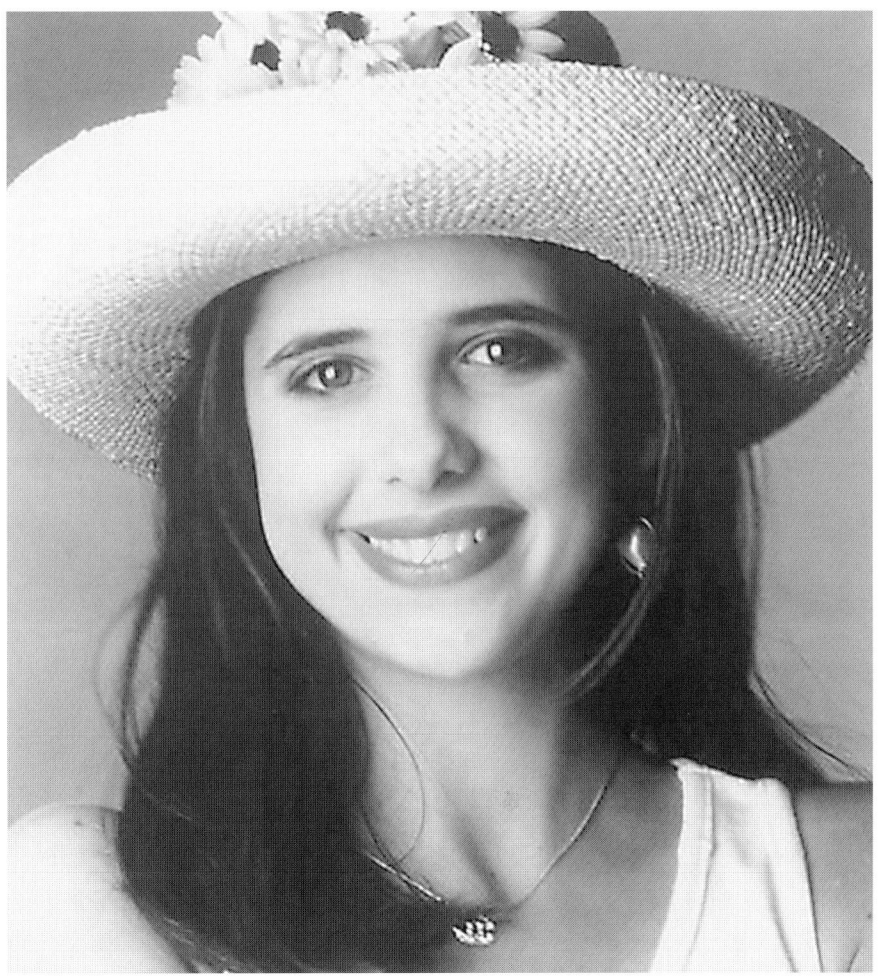

te Sarah ihre erste Auszeichnung in der Kategorie "Outstanding Younger Leading Actress in a Drama Series" in Empfang nehmen. Für sie war es ein Beweis, daß man ihre Arbeit respektierte; für Susan Lucci war es eine Schmach. Sie, die ehrwürdige Eminenz der Soaps, unterlag ausgerechnet einem Teenager. Und was Susan Lucci weitaus mehr schmerzte, ausgerechnet in der Serie, der sie seit Start angehörte. Ein weiterer empfindlicher Nadelstich war auch die Tatsache, daß Sarah sogar noch Überstunden machte, um für die TV-Show Entertainment Tonight einen Blick hinter die Kulissen der Emmys vorzubereiten. Erst 1999 gewann Susan Lucci endlich ihren verdienten Emmy in der Kategorie "Outstanding Lead Actress in a Drama Series". Der Zeitpunkt der Emmy Verleihung von 1995 war schlecht gewählt, denn am gleichen Abend hätte Sarah eigentlich auf der Abschlußfeier ihrer High School sein sollen.

Nach knapp zwei Jahren in der Serie **ALL MY CHILDREN** hatte Sarah keine Freude mehr an ihrer Arbeit. Einer der Gründe war sicherlich das inzwischen sehr schlechte Verhältnis zu Susan Lucci. Außerdem wurde ihre Rolle als Kendall gekürzt und sie tauchte pro Woche nur noch ein bis zweimal auf, wodurch ihre Kreativität in der Rolle plötzlich nicht mehr gegeben war. Ausschlaggebend für die Entscheidung die Serie zu verlassen, war aber eine Sperrklausel in ihrem Serienvertrag, der es ihr untersagte, andere Rollen anzunehmen. So verlor Sarah während dieser Zeit Rollen in der TV Serie **THE CRUCIBLE** und der Filmversion von Shakespeares **ROMEO UND JULIA** unter der Regie von Baz Luhrmann, die danach an Claire Danes ging.

Sarah war verbittert über die Verhaltensweise der Produzenten von **ALL MY CHILDREN,** die ihr eine Freigabe verwehrten. Aus diesem Grund teilte Sarah 1995, sechs Monate vor den Emmy Awards, den Produzenten still und leise hinter den Kulissen mit, daß sie die Serie verlassen werde. Ihre Kündigung wurde aber erst nach der Emmy Verleihung publik und die Presse sorgte wieder für völlig überzogene Schlagzeilen. Manche unterstellten Sarah Undankbarkeit gegenüber der Serie, andere behaupteten zu wissen, daß Susan Lucci für den Rauswurf von Sarah gesorgt hatte, nachdem sie wieder keinen Emmy gewonnen hatte. Das Timming ließ Sarah jedenfalls in einem besonders ungünstigen Licht erscheinen, was sie damals veranlaßte folgendes Statement der Presse zu geben: "Ich kämpfe nicht gegen Susan. Sie ist die Hauptdarstellerin der Serie, ich gehöre zur jüngeren Garde. Ich habe in den Zeiten, in denen ich mit ihr vor der Kamera stand, viel mitgenommen. Man arbeitet nicht allein nur für sich. Wir erreichten alles durch gemeinsame Arbeit."

Doch diese Aussage änderte auch nichts an der öffentlichen Meinung. Man unterstellte Sarah weiterhin, daß sie sich diplomatisch aus der Affäre gezogen hätte.

Sarah hingegen fand es an der Zeit, nach über zwei Jahren als Soap Darsteller, neue Wege zu gehen, denn sie ist ein Typ der ständig arbeiten muß. Nach ihrem Ausstieg bei **ALL MY CHILDREN** war sie aber weit davon entfernt,

Sarah mit Sydney Penny und Winsor Harmon

jedes Angebot annehmen zu müssen. Sie lehnte manche ab, weil die Zeit dafür noch nicht reif war, andere hingegen boten nicht genügend Herausforderung. Auf alle Fälle wollte sie in keiner Soap mehr mitspielen, denn dann hätte sie

ALL MY CHILDREN nicht verlassen zu brauchen. Es waren zwar, bis auf einige Ausnahmen, wunderbare Jahre bei AMC aber nun wollte Sarah etwas ganz Neues machen. Aus diesem Grund nahm sie Abschied von New York und zog nach Kalifornien.

Dort widmete sich Sarah erst einmal dem Film und versuchte als Filmschauspielerin Fuß zu fassen. Nebenbei blieb sie dem Fernsehen aber ebenfalls treu und nahm an diversen Vorsprechen teil. Als sie dann für eine neue TV-Serie, die auf einem Kinofilm basieren sollte, vorsprach, sollte sich ihr Leben grundlegend ändern. Die Serie hieß **BUFFY** und war als eine faszinierende Mischung aus Horror, Action, Mystik und Comdey konzipiert.

Sarah und Winsor Harmon

Buffy - Als Jägerin an die Spitze

Nach ihrer Erfahrung als Soap Star wollte Sarah etwas ganz Neues machen. Eine Fernsehserie kam für sie nur noch in Betracht, wenn die Rolle auch wirklich eine Herausforderung bot und sie darin nicht wieder ein "Biest" spielen mußte. Oftmals leiden Schauspieler darunter, daß sie nach einem Erfolg mit einem gewissen Rollentypus, nur noch in diesem besetzt werden. Sarah wollte keinesfalls auf einen solchen Typus festgelegt werden. Und sie wollte auch endlich einmal eine Figur darstellen, die ihrem wirklichen Alter entsprach. In **ALL MY CHILDREN** hatte sie einen 22-jährigen Charakter verkörpert, was ungewöhnlich ist. In der Regel werden solche Parts von Schauspielern gespielt, die wesentlich älter sind

und nicht umgekehrt. Das war allerdings in Hinsicht auf Sarah kein Manko, sondern eine Bestätigung ihrer herausragenden Fähigkeiten.

Nach dem Ausstieg bei **ALL MY CHILDREN,** ihr letzter Tag am Set war der 3. Juli 1995 gewesen, siedelte Sarah im August von New York nach Los Angeles um. Als echte New Yorkerin fiel es ihr nicht leicht, sich in Kalifornien heimisch zu fühlen, zumal sie hier mit einem Umstand konfrontiert wurde, der in dieser Form neu für sie war. In Los Angeles gestaltete sich der Konkurrenzkampf um Rollen weitaus härter, als sie es bisher kannte, und hier gab es zahllos gut aussehende Teenager und Jungstars. Sarah war sich nicht sicher, ob sie es hier schaffen würde sich zu etablieren, denn sie ging beinahe ein ganzes Jahr lang zu allen möglichen Vorsprechen ohne interessante Rollen zu bekommen. Angebote für schnell produzierte TV-Filme und Gastauftritte lehnte sie von vorne herein ab, denn das hätte sie auch in New York haben können. Eine Ausnahme bildete die Zusage für eine Rolle in dem ABC Fernsehfilm **BEVERLY HILLS FAMILY ROBINSON,** der komplett in Australien gedreht wurde, was ausschlaggebend für Sarahs Zusage war.

Erst als ein Gerücht über eine neue TV-Serie die Runde machte, zu der sie das Skript geschickt bekam, begann Sarahs Stern leicht zu glitzern, denn das sollte die Ankündigung einer sensationellen Karriere werden.

Das Gerücht ging von Joss Whedon aus und die Geschichte dazu begann im

Jahr 1988. Damals hatte der gerade mal 24-jährige Nachwuchsautor Whedon, dessen Großvater John (u.a. für The Donna Reed Show) und Vater Tom (u.a. für Alice and Benson) bereits als Drehbuchautoren arbeiteten, sein erstes eigenes Drehbuch verfaßt. Der Titel seines Werkes lautete *BUFFY THE VAMPIRE SLAYER*. Damals war Joss Whedon ein Unbekannter und er freute sich darüber, daß sein Skript von Sandollar Productions erworben wurde. Nachdem man es dort knapp drei Jahre in einer Schublade verstauben ließ, wurde es erst 1991 wieder hervorgeholt. Man plante daraus einen Independent Film mit geringem Budget zu machen. Sandollar überließ das Drehbuch Kaz und Fran Rubel Kuzui, die als Produzent und Regisseurin zusammenarbeiteten. Als beide Parteien sich einig waren, verlangte Fran etliche Änderungen am Drehbuch. Die Regisseurin wollte eine liebevollere Buffy, keine Kämpfernatur, wie im Originalskript. Whedon, als Drehbuchautor am Film beteiligt, setzte die Vorgaben um, obwohl sie ihm nicht zusagten. Aufgrund der Tatsache, daß er das Skript verkaufte hatte, war ihm dadurch auch jegliche Einflußnahme verwehrt. Danach machte man sich an die Besetzung des Films. Zuerst hatte man Alyssa Milano für die Rolle der Buffy im Visier, die aber wegen anderer Verpflichtungen nicht frei zu bekommen war. Also wichen die Macher auf ein neues junges Talent aus, daß gerade im Kino erste Achtungserfolge mit *HOT SHOTS und MANNEQUIN 2* gefeiert hatte. Die 22-jährige Kristy Swanson bot zumindest auf den ersten Blick alle Attribute, die man sich für (die erste) Buffy wünschte. Als männlicher Sidekick wurde ihr Luke Perry, bekannt aus der Teenie Serie *BEVERLY HILLS 90210,* zur Seite gestellt. Von seiner Verpflichtung erhofften sich die Produzenten ausländische Geldgeber für das Projekt. Da aber weder Swanson noch Perry genügend Starpower vorweisen konnten, fand sich kein Co-Produzent für das Projekt. Schließlich stimmte 20th Century Fox als großes Hollywood Studio zu, die Produktion zu übernehmen. Als Gegenleistung für das Budget in Höhe von 9 Millionen Dollar bekamen sie die internationalen Rechte an *BUFFY.* Desweiteren machte Fox es zur Bedingung, das der Film bis zum Sommer zur Veröffentlichung fertiggestellt sein mußte. Das bedeutete lediglich fünf Wochen für die Vorbereitung und sechs Wochen reine Drehzeit. Kristy Swanson blieben nur zehn Tage für eine intensive Vorbereitung auf die Kampfszenen. Sie konnte zwar eine Tanzausbildung vorweisen, hatte mit Kampfsport allerdings keinerlei Erfahrung. Die Martial Arts (Kampfkünste) sind eine Fähigkeit, die langes und intensives Training voraussetzen. Selbst die besten Lehrer können keine Wunder vollbringen, wenn sie nicht genügend Zeit zur Verfügung haben. Für die Kampfchoreographie hatte man die Kampfsport Ikonen James Lew und Pat Johnson engagiert, die zur Elite in Hollywood gehören und bereits zahlreiche rasante Kampfszenen in diversen Filmen abgeliefert hatten. Kristy Swanson wurde von ihnen hart rangenommen, doch im Film waren ihre abgehackten Bewegungen deutlich zu erkennen. Ihr fehlte die Grazie und die Körperbeherrschung, damit die Kampfszenen überzeugend aus-

sahen. Die Dreharbeiten begannen im Februar 1992, beinahe vier Jahre nachdem Whedon sein Originaldrehbuch verkauft hatte. Es wurde an Schauplätzen in Los Angeles gefilmt, unter anderem in der Marshall High School und auf einer provisorischen Bühne in Santa Monica, die in einem Lagerhaus untergebracht war. Nach den Dreharbeiten blieben gerade mal vier Monate für den Schnitt, bevor die Premiere des Films in den Kinos anberaumt war.

Das, was dann letztendlich herauskam, war nicht mehr identisch mit dem, was Joss Whedon ursprünglich geschrieben hatte. Bei 20th Century Fox ging man zu diesem Zeitpunkt von einem Box Office Garant aus, und man gab dem Film trotz des geringen Budgets eine großangelegte Promotionskampagne mit auf den Weg in die Kinos. **BUFFY THE VAMPIRE SLAYER** kam am 31. Juli 1992 in die Kinos und floppte am Box Office. Die Rechnung ging nicht auf, denn trotz Luke Perrys Mitwirkung fand der Film bei Jugendlichen keinen Anklang. Statt dessen waren es mehr die älteren Kinogänger die sich für den Stoff erwärmen konnten. Sicherlich lag es daran, daß Kristy Swanson zwar eine blendend aussehende Darstellerin war, der aber der nötige Biß fehlte, um eine Rolle wie Buffy auszufüllen. Ein weiteres Manko waren auch die anderen Mitwirkenden, allen voran Donald Sutherland als erster Wächter Merrik und Luke Perry, die eher lustlos bei der Sache waren. Einzig allein Rutger Hauer fand Gefallen an seinem überzogenen Charakter Lothos und spielte ihn mit der ihm eigenen Leidenschaft, was den Film letztendlich davor bewahrte, vollständig zu verblassen. Der Kinofilm **BUFFY THE VAMPIRE SLAYER** konnte gerade die 16 Millionen Dollar Hürde nehmen, was dafür sorgte, das er trotzdem einen geringen Profit für das Studio abwarf. Niemand konnte aber Whedon einen Vorwurf machen, denn sein Skript war derart verunstaltet worden, das von seiner Grundidee nichts mehr übrig geblieben war. Der Film war bald vergessen, nicht aber die Story.

Im Gegensatz zum Kinofilm war das Buffy Video ein Hit und daraus wurde schließlich auch der Gedanke für eine Fernsehserie geboren. Als das Video 1993 herauskam flimmerten gerade die ersten Folgen von **ALL MY CHILDREN** mit Sarah über die Mattscheibe und damals wußte noch niemand, welches Potential diese junge Darstellerin eines Tages als Buffy entfalten würde.

Der Gedanke zur Wiederbelebung von Buffy kam 1995 von Gail Berman, einer der Geschäftsführer von Sandollar, die damals Whedons Skript gekauft hatten. Als Berman es damals gelesen hatte, war sie sich sicher, daraus eine gute Serie entwickeln zu können. Nach dem Filmflop hatte man die Idee aber verworfen und erst wieder nach dem großen Erfolg der Videoveröffentlichung aufgenommen. Als Kaz Kuzui und Gail Berman bei Joss Whedon anriefen und nach seinem Interesse hinsichtlich einer Buffy TV-Serie fragten, überraschte es sie zu hören, daß er begeistert davon war. Er hatte es wirklich gehaßt, was sie aus seinem Originaldrehbuch gemacht hatten und wollte endlich seine Version von Buffy umsetzen. Also ging man die Sache ein zweites Mal an.

Diesmal allerdings unter anderen Voraussetzungen. Kuzui und Sandollar teilten sich die Produktion und Joss wurde mit der Ausführung beauftragt. Diese Aufteilung sollte schließlich zum Erfolg von **BUFFY** führen.
Als die Entscheidung zur Realisierung des Projektes gefallen war, gingen Whedon und Sandollar auf die Suche nach einem Zuhause für die Serie. Zuerst bot man sie 20th Century Fox an, die aber ablehnten. Eine Zusage erhielt man dann bei Warner Bros. Network, einem jungen Kabelsender, der **BUFFY** als perfekte Bereicherung für sein Programm sah. Im Anschluß daran

verging noch knapp ein Jahr bevor tatsächlich gedreht wurde. Während dieser Zeit feilte Whedon das Serienkonzept vollständig aus und verdichtete die Charaktere. Im März 1996 gab Warner Bros. die Serie für die 1996-97 Season in Auftrag.
Im Grund hatte Joss Whedon mit Buffy ein erstklassiges Produkt aus der Taufe gehoben. Da er sich anfangs jedoch schwer tat, persönliche Kontrolle über das Projekt zu bekommen, wurde es nicht ganz nach seinen Maßstäben umgesetzt. Aber es war auch ein Lernprozeß für ihn. 20th Century Fox hatte ihm die Idee und Rechte zu Buffy abgekauft und die mächtige Chefetage ahnte damals noch nicht, welch unglaubliches Potential dort schlummerte, wenn man die Sache richtig anging. Die Serie die Joss Whedon im Kopf hatte, stand

in keinem Verhältnis zum damaligen Kinofilm. Im Gegensatz zum komödiantischen Unterton des Films war seine Serie als Schocker mit Gänsehautgarantie konzipiert. Da sie aber vorwiegend auf ein jugendliches Publikum abzielte, fehlte die Komik trotzdem nicht gänzlich.

In zahllosen Horror- und Gruselfilmen war es damals stereotyp, daß es sich bei der blonden Frau immer um das einfältige Dummchen handelte, das den bösen Monstern freiwillig in die Klauen lief und niemals den Versuch unternahm sich ihrer Haut zu erwehren. In Buffy sollte die Blonde aber genau das tun und zwar mit sexy Power. Als Schauplatz dieses Abenteuers wählte man aber nicht irgendeinen Sumpf und kein düsteres Gemäuer, sondern die High School. Wenn sie Kinder fragen, so gibt es kein gefährlicheres Schlachtfeld, als die Schule. Hier spielt sich für die meisten Kids der wirkliche Horror ab, was Erwachsene manchmal nur schwer nachvollziehen können. Die Angst vor Unterdrückung durch Ältere, das Dogma der Klassenunterschiede, Freud und Leid der ersten Liebe und der Druck von Lehrern und Eltern, sind Dinge, mit denen sich alle Schulkids identifizieren können.

Als die Verträge unterzeichnet waren, wurde aus dem Gerücht der neuen TV-Serie Realität und das Casting in Angriff genommen. Die Idealbesetzung für Buffy wurde gesucht. Es sollte ein sehr langer Auswahlprozeß werden. Die Produzenten standen vor der Herausforderung, alte Fehler nicht zu wiederholen. Diesmal wollte man Darsteller finden, die ihre Rolle mit Leib und Seele verkörperten und deren Ausstrahlung auf der Mattscheibe förmlich explodierte.

Die Vision von Joss Whedon hinsichtlich seiner Fernseh Buffy ging in eine vollkommen andere Richtung, als die im Film gezeigte Variante. Er wollte eine toughe, mit Killerblick und voller Power ausgestattete Schönheit, die ständig im Konflikt hinsichtlich Schule und Vampirjagd stehen sollte. Die neue Buffy sollte ein Idol für das Jahrtausend sein.

Es stellte sich nur die Frage, wo man eine so starke Persönlichkeit finden konnte. Er konnte sicherlich nicht ahnen, das gerade diese Person ihn ziemlich bald bearbeiten würde, genau diese Rolle spielen zu dürfen.

Nachdem Sarah von ihrem Agenten auf eine Serie mit High School Kids, die gegen wirkliche Dämonen kämpfen, aufmerksam gemacht wurde, war sie eine unter vielen, die für die Rolle der Buffy vorsprachen. Sarah gefiel Buffys Charakter. Sie wollte schon immer einen starken feministischen Charakter spielen, der nicht frei von Fehlern ist. Buffy hat einen erstaunlichen Geist und findet in allem etwas positives. Was die Serie vermitteln soll, ist die Individualität der Person. Vor allem aber konnte sich Sarah mit Buffy identifizieren. Auch sie mußte sich ständig entscheiden, ob sie der Schule oder ihrer Berufung als Jägerin mehr Zeit einräumte. Während Sarahs gesamter Schulzeit mußte sie ständig selbiges tun. Sie konnte also Buffys Dilemma sehr gut verstehen und nachvollziehen, vielleicht besser, als jede andere Darstellerin.

Beinahe wäre ihr dabei aber ein Rollentypus zum Verhängnis geworden, der

den Produzenten im Kopf herumspukte. Sarah war keine Unbekannte, denn man hatte ihre Auftritte in *SWANS CROSSING* und vor allem *ALL MY CHILDREN* noch in bester Erinnerung. Sie war das perfekte Biest - eitel, hochnäsig und arrogant. Eigenschaften, die Buffy nicht hatte. Es stellte sich also die Frage, ob es innerhalb der Serie eine geeignete Rolle für Sarah gab. Die gab es in der Tat. Sarah brachte die besten Voraussetzungen mit, um den Charakter der Cordelia Chase darzustellen. Sie entsprach genau dem Rollentypus den Sarah bisher perfekt verkörpert hatte und den man ihr auch anbot. Sarah wollte aber unbedingt Buffy spielen und versuchte die Produzenten diesbezüglich zu überzeugen. Doch die hatten noch sehr lebhaft das Bild der Kendall Hart in den Köpfen und sahen sich auch durch die Emmy Auszeichnung darin bestärkt, Sarah keinesfalls als Buffy zu besetzen.

Was unternimmt ein Schauspieler, wenn er unbedingt eine Rolle haben möchte, die Produzenten ihn aber ablehnen? Da es zwei Arten von Schauspielern gibt, bieten sich auch zwei Lösungswege an. Der erste wäre, sich zu verleugnen und zu verkaufen. Da dies der einfachere Weg ist gehen ihn sehr viele, und man kann hier vom sogenannten "Besetzungs-Couch-Syndrom" sprechen, das vornehmlich weibliche Schauspieler befällt. Wer von sich als Schauspieler und Mensch überzeugt ist, wählt jedoch die zweite Variante - den Kampf.

Sarah wußte immer genau, was sie wollte und war stets bereit, dafür auch zu kämpfen. Die Rolle der Buffy war genau das, worauf Sarah gewartet hatte. Ihre Aufgabe bestand nun darin, die Produzenten zu überzeugen, das es keine bessere Buffy gäbe als sie. Man kam tatsächlich nicht an ihr vorbei, denn sie absolvierte fast zwanzig Vorsprechtermine und ein halbes Dutzend Probeaufnahmen.

In einem Interview gab sie einmal zu, daß sie für eine gute Rolle nichts unversucht ließ und hart darum kämpfte. Einer der Gründe weshalb sie so wild darauf war, die Rolle der Buffy zu bekommen war, weil ihr das Girl Power Image sehr gut gefiel und sie sich damit identifizieren konnte. Buffy ist kein Charakter, der alle in den Hintern tritt, sondern ein sehr emotionaler facettenreicher Part. Sie paßt in kein Schema. Sie weiß noch nicht einmal, ob sie Cheerleader oder Vampirjäger sein will. Das ist es, was sie so glaubhaft und interessant macht. Buffy ist eine Persönlichkeit, die verloren ist und nicht weiß wo sie hingehört. Und das kann man als Zuschauer völlig nachvollziehen.

Letztendlich konnte Sarah Michelle Gellar alle Zweifel beseitigen und die Rolle der Buffy Summers gewinnen. Ob es dann doch ihr Talent war, was ihr die Rolle schließlich einbrachte oder der Respekt vor ihrem unermüdlichen Einsatz, bleibt dahingestellt. Auf jeden Fall war die Entscheidung goldrichtig, denn Sarah war die perfekte Besetzung. Ihr Stern am Fernsehhimmel sollte mit dieser Rolle so hell wie eine Sonne strahlen. *BUFFY* war das Katapult in den Starhimmel.

Kaum hatte Sarah die Rolle bekommen, besuchte sie Kickboxing Kurse und was noch wichtiger war, sie frischte ihre alten Taekwon Do Kenntnisse auf.

Währenddessen hielten sich die Produzenten immer noch mit der Besetzung der restlichen Rollen auf. Vor allem die Besetzung der Rolle von Rupert Giles, dem Leiter der Schulbibliothek, machte Schwierigkeiten. Letztendlich stellte sich jedoch das Engagement von Anthony Stewart Head als ein Coup heraus. Nicht nur das er ein angesehener britischer Theaterdarsteller war, er war auch dem amerikanischen Publikum durch etliche romantische Rollen in Werbespots bekannt. So wurden nach und nach alle weiteren Rollen besetzt. Charisma Carpenter, die eigentlich für die Rolle der Buffy vorgesprochen hatte und bisher einen ähnlichen Background hatte wie Sarah, wurde statt dessen als Cordelia Chase besetzt. Kopfzerbrechen bereitete bis zuletzt die Rolle des

Angel, die erst in der Nacht vor den ersten Dreharbeiten mit David Boreanaz besetzt wurde.

Zuerst wurde ein zweistündiger Pilotfilm gedreht, dessen Qualität darüber entscheiden sollte, ob der Stoff serientauglich war. Die Dreharbeiten verliefen in ruhiger und entspannter Atmosphäre, und Joss Whedon kreierte **BUFFY** ganz nach seiner eigenen Vision. Danach hieß es abwarten, denn Warner Bros. ließ sich viel Zeit, um über das weitere Schicksal von **BUFFY** zu entscheiden. Für die Darsteller war es eine zermürbende Zeit, denn alle waren vertraglich gebunden und konnten nicht an anderen Projekten arbeiten. Sarah nutzte die Wartezeit für einen Abstecher nach New York. Es dauerte dann fast ein halbes Jahr bis grünes Licht kam und 10 weitere Folgen bestellt wurden.

Die Ausstrahlung der Serie war ursprünglich für September 1996 geplant. Da man sicherstellen wollte, daß bis dahin möglichst alle Folgen bereits im Kasten waren, lag vor dem gesamten Team ein nonstop Arbeitspensum. Als Folge daraus ergaben sich Drehtage mit bis zu 18 Stunden und das sieben Tage die Woche. Beträchtlichen Aufwand erforderten die Stunts, denn jede Folge von **BUFFY** hat eine große Kampfszene. Es dauerte bis zu 36 Stunden, was zwei 18-stündigen Drehtagen entspricht, die Choreographie dafür zu entwickeln. Desweiteren gibt es noch zwei bis drei kleine Hauptszenen, die aber weniger Zeit benötigen. Trotz ihrer Martial Arts Kenntnisse wurde Sarah in vielen Szenen von Sophia Crawford gedoubelt.

Man benötige trotzdem fast ein Jahr, um die Vorgabe zu erfüllen. Nach Abschluß dieser Wahnsinnsarbeit gab es nur noch eins zu tun, abwarten. Im September 1996 begann das TV Herbstprogramm, doch nirgends tauchte **BUFFY** auf. Die Erstausstrahlung fand erst am 10. März 1997 stattfand und man hatte bis dahin an der Serie gute Arbeit geleistet.

Der Serienstart erfüllt dann allerdings nicht die hohen Erwartungen, die man in **BUFFY** gesetzt hatte. Fast alle TV-Kritiker stürzten sich darauf und verfaßten schlechte Kritiken, die durch niedrige Einschaltquoten untermauert wurden. Doch so leicht gab sich Whedon und insbesondere **BUFFY** nicht geschlagen. Das Produkt war stimmig, doch es war neu und mußte sich behutsam an seine Zielgruppe annähern. Durch Mundpropaganda wuchs die Zahl der Zuschauer nach und nach kontinuierlich an. Am Anfang waren die Zuschauer noch nicht reif dafür, oder vielleicht auch nicht alt genug. Bis alle 12 abdrehten Folgen ausgestrahlt waren, hatte sich die Serie einen festen Zuschauerstamm erkämpft und sich zu einem Hit gemausert. Während der Ausstrahlung konnte die Zuschauer- und Einschaltquote auf über 217% des Anfangsstadiums gesteigert werden.

Für die 2. Staffel wurden aber noch einige kleine Änderungen vorgenommen, um den Erfolg der Serie zu manifestieren. Vor allem machte man den Titel einprägsamer, einfach nur **BUFFY**. Zudem änderte man im Januar 1998 die Sendezeit, wodurch **BUFFY** vom Abendprogramm am Montag ins Abendprogramm am Dienstag umpositioniert wurde, wovon die Serie **DAWSONS CREEK** profitierte, deren Einschaltquoten durch BUFFY stark anzogen.

Nach der 2. Staffel war **BUFFY** bereits ein Hit und die Serie entwickelte sich zum erfolgreichsten Format des Warner Bros. Network.

Sarah hatte es nun geschafft, und der Erfolg von **BUFFY** sorgte dafür, dass das Interesse an ihrer Person förmlich explodierte. Sie wurde immer und überall fotografiert, mußte Interviews geben, wurde in Talk-Shows herumgereicht und verlor einen beträchtlichen Teil von dem, was für einen Menschen extrem wichtig ist - Privatsphäre. Der Erfolg verlangt seinen Tribut, doch weder Presse noch Fans sind besonders rücksichtsvoll, wenn es um den Menschen Sarah Michelle Gellar geht. Nach anstrengenden Drehtagen, die selten weniger als

12 Stunden umfassen, ist man ausgelaugt und manchmal nicht gerade bester Laune. Wenn man dann angesprochen wird und nicht freundlich und zuvorkommend reagiert, wird einem unterstellt, eine arrogante Diva zu sein. Was immer nach dem Erfolg von **BUFFY** über Sarah gesagt und geschrieben wurde, entbehrt zum größten Teil jedes Funken Wahrheit. So war es schon zu Zeiten von **ALL MY CHILDREN,** als die Presse nichts negatives fand, womit man Sarah ins Licht der Öffentlichkeit zerren konnte. Es wäre kaum möglich, über einen so langen Zeitraum mit den gleichen Menschen zusammen zu arbeiten, wenn das Arbeitsverhältnis durch Neid und Mißgunst gestört wäre. Hätte es diese Unstimmigkeiten gegeben, von denen die Presse angeblich weiß, hätten nicht alle Darsteller der Stammbesetzung nach Ablauf der fünften Staffel einen Vertrag für zwei weitere Jahre unterschrieben.

Sarah Michelle Gellar hat mit **BUFFY** alles erreicht, was man als Fernsehdarsteller erreichen kann und es wird schwer werden, den Erfolg durch ein neues Projekt zu übertreffen. Das mag vielleicht auch ein Grund dafür sein, daß Sarah zwischenzeitlich ihre Fühler in Richtung Filmgeschäft ausgestreckt hat. Sicherlich wird Sarah nach Ablauf der 7. Staffel von **BUFFY** nicht mehr zur Verfügung stehen und sich neuen Zielen und Herausforderungen widmen.

Egal was sie machen wird, als **BUFFY** hat sie einen Platz in der Fernsehgeschichte gefunden, der sie für lange Zeit unsterblich machen wird. Auch wenn sie längst aus dem Rampenlicht verschwunden sein wird, bleibt sie die beste und erfolgreichste Vampirjägerin, die es je gab.

Einfach unwiderstehlich

Einfach unwiderstehlich

Ich weiß was Du letzten Sommer getan hast

Sarah und ihr Verlobter Freddie Prinze

Einfach unwiderstehlich

Eiskalte Engel

Sarah als Covergirl

Sarah als Covergirl

Sarah als Covergirl

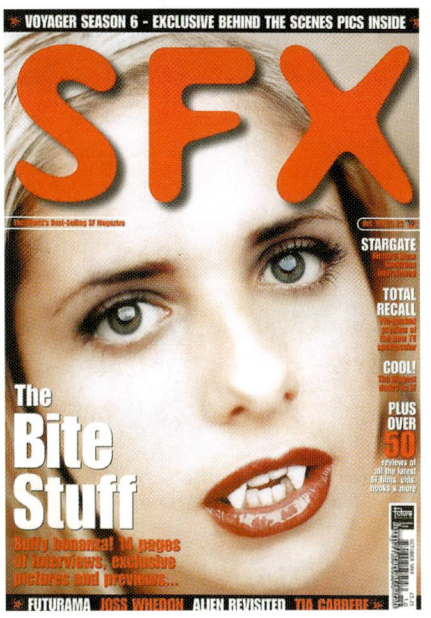

SFX

STARGATE

TOTAL RECALL

COOL!

PLUS OVER **50** reviews of all the latest SF films, vids, books & more...

The **Bite Stuff**

Buffy bonanza! 14 pages of interviews, exclusive pictures and previews...

FUTURAMA JOSS WHEDON ALIEN REVISITED TIA CARRERE

NYLON

SPECIAL MUSIC ISSUE

SARAH MICHELLE GELLAR slay lady slay

ROCK STEADY FASHION CLOTHES TO KEEP THE BEAT TO

MEL C THE SPICE IS RIGHT KIM GORDON LIMP BIZKIT REARRANGES YOUR FACE FOO AND GOO FOO FIGHTERS IN LONDON GOO GOO DOLLS TOUR DIARY

Photographed by Robert Erdmann

TV GUIDE

FEB. 19-25 $1.79

TV GUIDE AWARDS FINALISTS GRAMMY PREVIEW

EXCLUSIVE! **SARAH MICHELLE GELLAR** SETS THE RECORD STRAIGHT ABOUT HER FAMILY, BEING A ROLE MODEL AND ALL THOSE ROMANCE RUMORS

BUFFY

www.tvguide.com

#505 · October 1, 1999

Entertainment

THE ULTIMATE **BUFFY** VIEWER'S GUIDE

Buffy THE **Vampire Slayer**

Sink Your Teeth Into America's Hottest Cult Hit

SARAH MICHELLE GELLAR Is The 'Slayer'

Vampires Suck

PLUS Reviews of All 56 Episodes! Behind-the-Scenes Secrets! A New Season Sneak Peek!

$2.99

Sarah als Covergirl

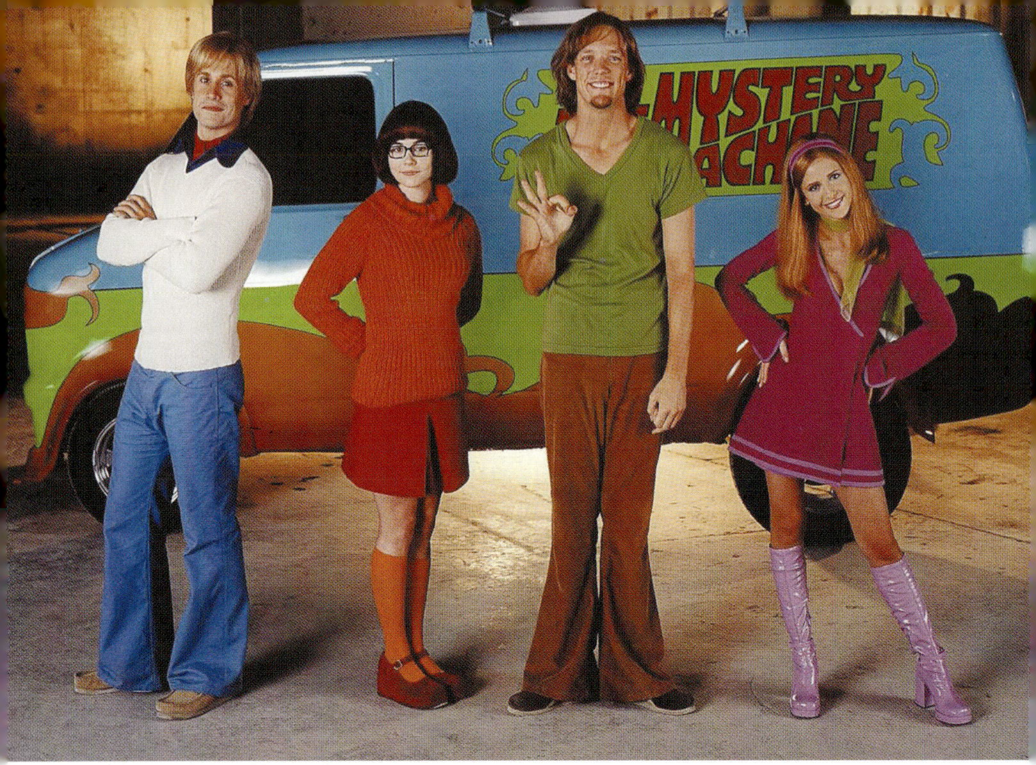
MYSTERY

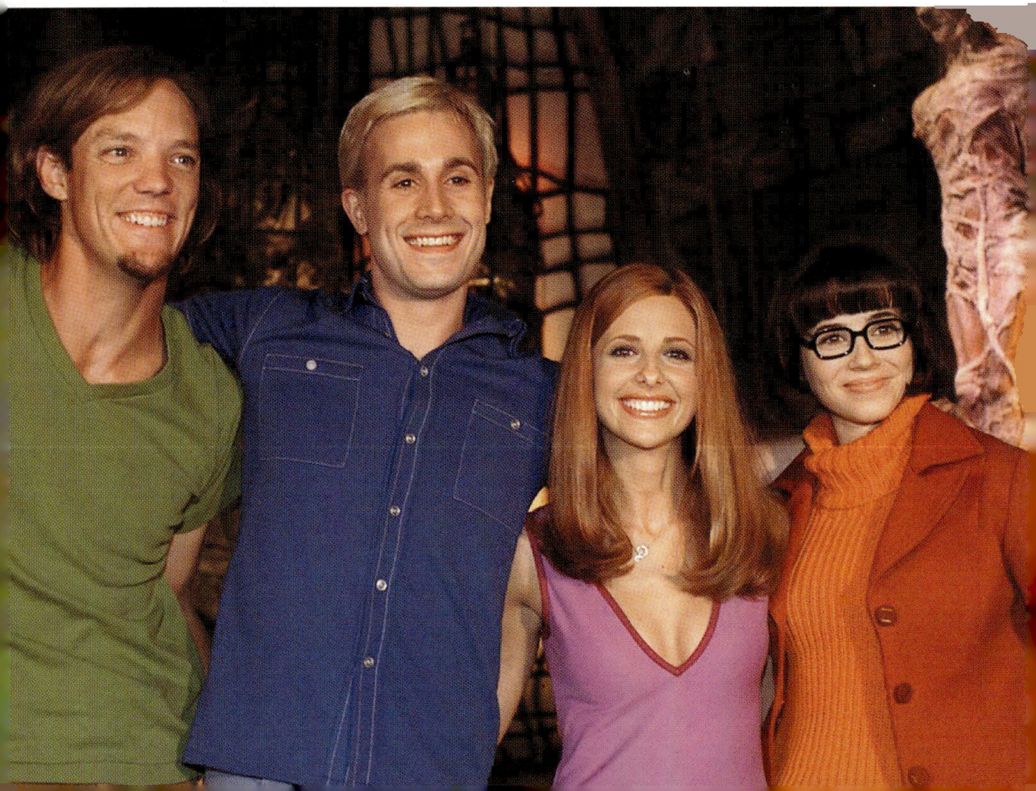

Scooby Doo

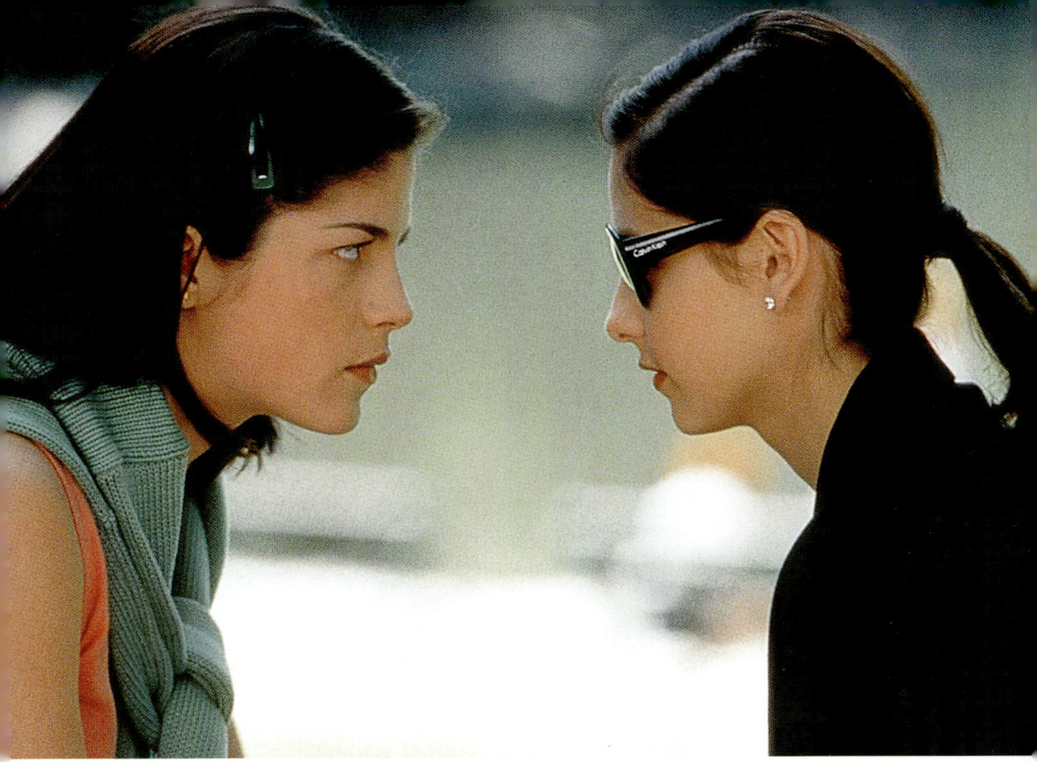

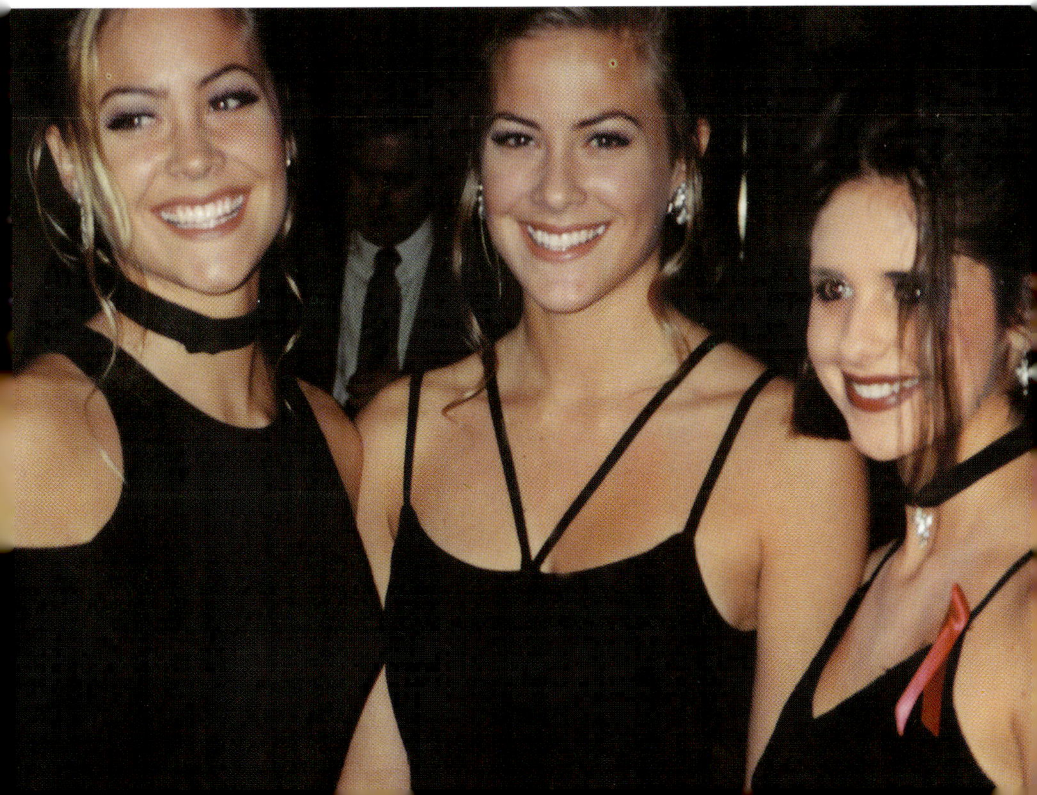

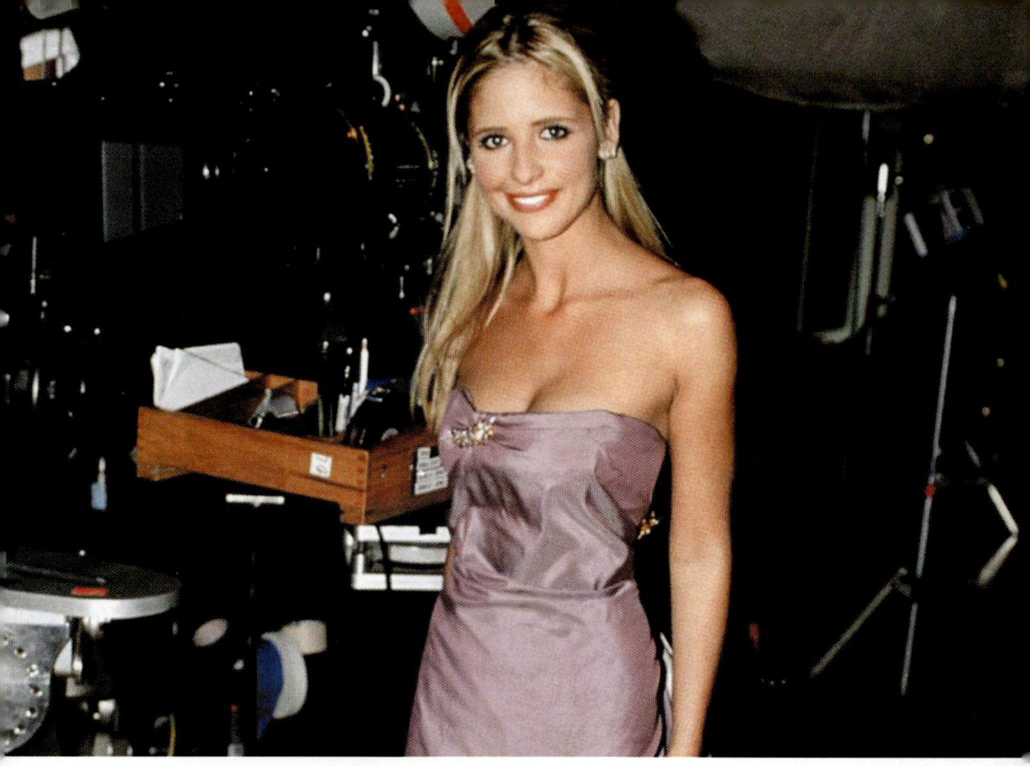

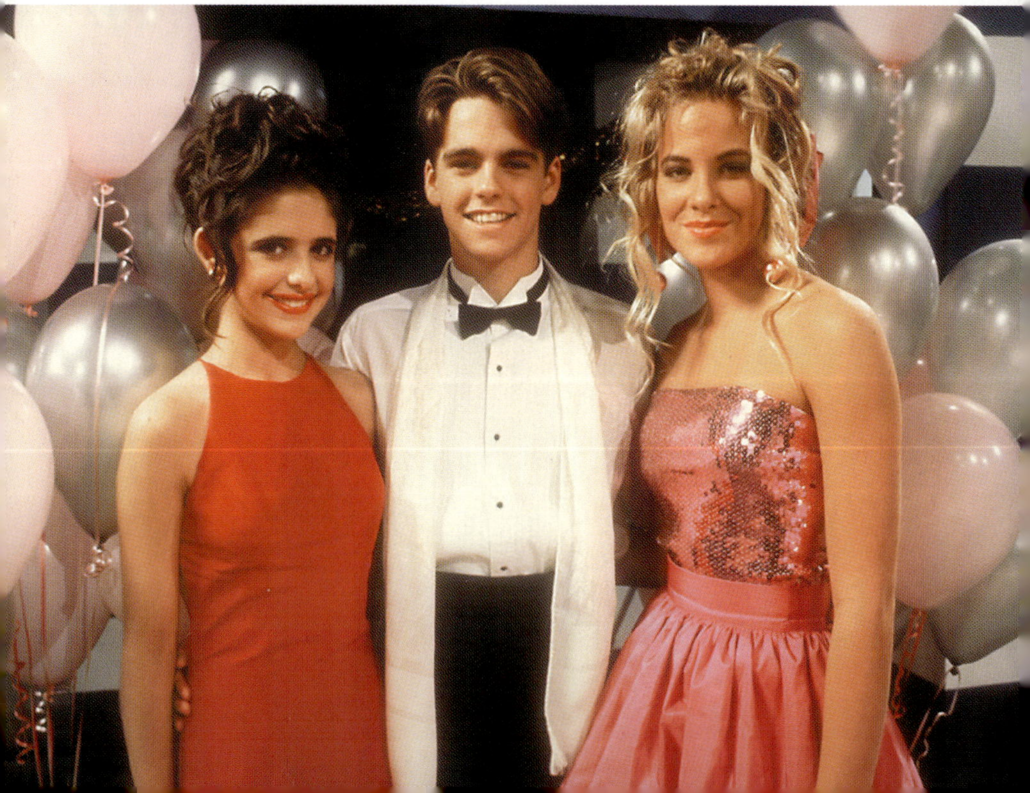

Sarah in Swans Crossing

Sarah wurde als Fernsehstar entdeckt und hatte zu Beginn ihrer Karriere wenig Ambitionen ein Leinwandstar zu werden. Sie war seit ihrer Kindheit ein Fernsehjunkie und hatte sich daher das Ziel gesetzt, die Mattscheibe zu erobern. Fernsehfilme und TV-Serien stehen ständig unter Termindruck, weshalb die Arbeit daran wesentlich hektischer ist, was Sarah als Workaholic stets entgegenkam. Für Kinoproduktionen hingegen wird mehr Zeit veranschlagt, denn sie sind vorwiegend durch lange Leerläufe zwischen den einzelnen Einstellungen geprägt. Ein Umstand den Sarah zur damaligen Zeit nicht sonderlich schätzte.

Ihren ersten Filmjob übernahm sie als 6-jährige unter der Regie von Menahem Golan. Einem israelischen Produzenten und Regisseur, der mit seiner späteren Firma Cannon Group beachtliche Erfolge als Independent Studio erzielen konnte. Die Rolle war winzig und ohne Text, wofür es auch keine Nennung in der Besetzungsliste gab. Der Film lief 1984 unter dem Titel *OVER THE BROOKLYN BRIDGE* in den US-Kinos und erreichte mit Mühe ein Einspiel von 600.000 Dollar.

Es war ein Anfang und eine sichere Rolle, weil auf Statistenniveau, um das erste Mal Filmluft zu schnuppern. Dann dauerte es aber fast vier Jahre, bis Sarah wieder einen Ausflug auf die Kinoleinwand wagte. Dazwischen hatte sie sich, abgesehen von einigen Werbespots, ganz der Schule und ihren Freunden gewidmet. 1988 drehte sie in Vermon/USA mit *FUNNY FARM* ihren zweiten Kinofilm. Der mit Chevy Chase prominent besetzte Film, kam am 3. Juni 1988 in die US-Kinos (Deutscher Start am 6. Juli 1989). Sarahs Rolle darin war wiederum Statistenniveau ohne Nennung in der Besetzungsliste. Ihren vorerst letzten Kinoauftritt absolvierte sie 1989 an der Seite von Sally Kirkland in dem Film *DEATH STRIP*, in dem sie ihre 8-jährige Tochter spielte und gleich zu Beginn des Films in der Startsequenz zu sehen war. Sie hatte mehrere Szenen mit Text und es gab von ihr einige sehr gute Nahaufnahmen im Film, doch Sarah konnte damit noch nicht überzeugen. Es war der erste Film, bei dem auch endlich ihr Name genannt wurde. Damals trat sie als Sarah Gellar auf. Durch den Beitritt in die Screen Actors Guild, der für Schauspieler Pflicht ist, mußte sie aber ihren Namen ändern, denn es gab dort bereits eine Sarah

Gellar. Das Statut der Gilde besagt, daß jeder Name nur einmal vorkommen darf, weshalb sie sich fortan Sarah Michelle Gellar nannte.

Nach diesen Anfangserfahrungen hatte Sarah keine Lust mehr, in einem Kinofilm aufzutreten. Sie beschränkte ihre Aktivitäten längere Zeit einzig und allein auf den Fernsehsektor. Erst als sie 1995, nach dem Ausstieg bei **ALL MY CHILDREN**, nach Los Angeles ging, nahm sie wieder Tuchfühlung mit der Filmindustrie auf. Doch standen ihr dort, nicht wie erhofft, alle Türen offen. Sie war zwar ein gefeierter und gefragter Fernsehstar, was das Kino anbetraf, allerdings ein unbeschriebenes Blatt.

Wie schafft es ein Schauspieler, bei hunderten von Bewerbern, die für eine Rolle vorsprechen, den Zuschlag zu bekommen? Sicher eine Frage, auf die sich viele eine Antwort wünschen. So simpel sich diese auch anhört, nur so funktioniert es. Fast alle, die Film- und Fernsehrollen besetzen, haben eine wage Vorstellung von dem im Kopf, was sie suchen. Manchmal bekommen sie genau das, wonach sie suchen. In den meisten Fällen aber bekommen sie etwas, was der Idealvorstellung sehr nahe kommt. Schauspieler sind oftmals der Meinung, sich bei einem Vorsprechen in einem besonderen Licht darstellen zu müssen, also sozusagen eine Rolle zu spielen, um an eine Rolle zu kommen. Ein Irrglauben im wahrsten Sinne des Wortes. Die Leistung eines Schauspielers kommt dadurch zur Geltung, daß er sich selbst als natürliche Person präsentieren kann, aber es trotzdem versteht in jede x-beliebige Haut zu schlüpfen und sein eigenes Ich komplett abstreifen kann. Das ist auch die beste Definition, die es bisher für die Bezeichnung des Wortes Schauspieler gibt.

Sarah hatte schon immer ein untrügliches Stupsnäschen, wenn es um gute Rollen ging, sowohl im Fernsehen als auch im Kino. Es geht schließlich nicht darum, was ein Kritiker über ihre Rolle und ihre Leistung denkt, sondern einzig und allein zählt die Meinung des Publikums. Kritiker gehen nicht als zahlende Gäste ins Kino. Sie werden von Verleihern und Produktionsfirmen dafür hofiert und mit allerlei interessanten Unterlagen und Fotos versorgt, nur um sich eine - in vielen Fällen - schlechte Meinung über ein Produkt zu bilden, von dem sie meinen, es richtig verstanden zu haben. Letztendlich gibt ein Kritiker lediglich seine eigene Meinung und Interpretation des Films wieder und repräsentiert niemals die Meinung der breiten Masse. Er beeinflußt sie leider nur dahingehend, daß er vielen Kinogängern und Fernsehzuschauern, die eigene Meinungsbildung vorwegnimmt und in einer Hektomatikzeit, in der niemand mehr Zeit für etwas zu haben scheint, sind viele allzu gerne bereit, sich der Meinung eines "Gott herrlichen" Kritikers anzuschließen.

Sarah mußte während ihres Ausfluges nach Hollywood eine neue Lektion in Sachen Erfolg lernen, denn trotz ihres Backgrounds stand sie fast ein Jahr lang bei zahllosen Vorsprechterminen erfolglos in den Schlangen. Im Fernsehen hätte sie jederzeit arbeiten können, denn hier erhielt sie nach wie vor zahlreiche Angebote, die sie aber alle ablehnte. Sie suchte nach einer neuen Herausforderung und unter den angebotenen TV-Rollen war nichts, was sie gereizt hätte. Lediglich für **BEVERLY HILLS FAMILY ROBINSON**, einem TV-Film des ABC Network, gab sie ihre ablehnende Haltung gegenüber dem Fernsehen auf. Die Herausforderung in diesem Film war die Location, denn es wurde in Australien und Neuseeland gedreht. Der zweistündige Familienfilm handelte von einer reichen Familie, deren Kinder auf einem Südseetrip entführt werden. Obwohl der Film bereits 1996 gedreht wurde, kam er erst am 25. Januar 1997 zur Ausstrahlung.

Aktivitäten hinsichtlich einer Filmkarriere nahm Sarah erst wieder 1997 auf, nachdem sie die erste Staffel von **BUFFY** abgedreht hatte. Die Serie stand nur noch zwei Wochen vor der Ausstrahlung, als sie von dem Film **ICH WEISS WAS DU LETZTEN SOMMER GETAN HAST** hörte und zum Vorsprechen ging. Sarah erhielt die Zusage für eine Hauptrolle, was die größte Herausforderung in einem neuen Karriereabschnitt darstellte. Die dreimonatige Drehpause bei **BUFFY** war somit sinnvoll verplant.

Was Joss Whedon damals im Fernsehen repräsentierte, das war Kevin Williamson im Kino. Beides waren sehr junge und talentierte Drehbuchautoren, die mit ihren Visionen totgeglaubte Genre belebten und ihre Stories gegen den Strich schrieben. Mit Kevin Williamson begann ein neues Genre des Horror. Es war jene Art von intelligentem Horror, der mit den Gedanken spielte. Er schrieb über reale Dinge, und das erschreckt am meisten. Der Gedanke, wirklich jemanden auf der Straße zu töten, oder an jemand der dich auf der Straße bis nach Hause verfolgt, all diese Dinge können tatsächlich passieren. Das ist das faszinierende am Horror von Kevin Williamson.

Williamson hatte mit seinem Erstling **SCREAM** den Horrorfilm neu definiert und für eine gewaltige Lawine an neuen Teenie Horror Movies gesorgt. Sein zweites Projekt nach **SCREAM** trug den Titel **ICH WEISS WAS DU LETZTEN SOMMER GETAN HAST.**

–Wenn du die Wahrheit begraben willst, grabe tief.–

In dem kleinen Fischerdorf Southport feiern Julie (Jennifer Love Hewitt), Helen (Sarah Michelle Gellar), Barry (Ryan Phillippe) und Ray (Freddie Prinze Jr.) ausgelassen ihren High School Abschluß. Es ist der Abend des 4. Juli und die Stimmung erreicht ihren Höhepunkt, nachdem Helen bei der Wahl der „Miss Southport" zur Schönheitskönigin gekürt wird. Das Schicksal nimmt in dieser Nacht seinen Lauf, als das Quartett später entsprechend rasant die einsame Küstenstraße entlang nach Hause fährt. Als plötzlich ein Zusammenprall die Stille der Nacht zerreißt, ändert sich ihr Leben schlagartig, denn ein Mann liegt blutüberströmt am Straßenrand. In ihrer Panik beschließen die Vier, den leblosen Körper ins Meer zu werfen. Doch als sie das Opfer zu einem verlassenen Pier schleppen und gerade ins Wasser stoßen wollen, reißt dieser die Augen auf und greift nach Helen. Entsetzt stößt Barry den Mann ins Wasser, wo er wie ein Stein versinkt. Aus einem tragischen Unfall ist nun kaltblütiger Mord geworden. Die Freunde schwören sich, niemandem jemals zu erzählen, was geschehen ist. Ein Jahr später haben sich die Wege der Freunde getrennt, doch jeder von ihnen trägt schwer an der Erinnerung. Nur mühsam läßt sich Julie von ihrer College Freundin überreden, in den Sommerferien zu ihren Eltern nach Southport zu fahren. Zuhause erwartet sie ein anonymer Brief, in dem nur ein Satz steht: „Ich weiß, was Du letzten Sommer getan

hast." Es gibt jemanden, der von ihrem schrecklichen Geheimnis weiß. Unter diesen Umständen bleibt Julie keine andere Wahl, als sich wieder mit ihren Freunden zu treffen. Das unerwartete Wiedersehen zeigt deutlich, daß keiner von ihnen das Erlebnis von damals bisher überwunden hat. Bei ihren Nachforschungen stoßen sie auf einen Zeitungsartikel, in dem berichtet wird, daß eine junge Frau vor vielen Jahren (ebenfalls an einem 4. Juli) bei einem Autounfall getötet wurde. Der Mann am Steuer hieß Egan und die Tote war seine Freundin. Julie und Helen fahren daraufhin zu seiner Schwester Melissa Egan (Anne Heche), die ihnen nach einigem Zögern erzählt, wie sehr der Bruder nach dem Tod seiner Freundin unter Selbstvorwürfen gelitten hatte. Am nächsten Morgen (es ist der 4. Juli) ist der Tag der Vollstreckung. Helen wacht auf und stellt entsetzt fest, daß ihre schönen langen Haare abgeschnitten sind. Und auf dem Wandspiegel steht in großen, blutroten Buchstaben: „Bald". Als nächstes trifft es Julie, die einen Toten in ihrem Kofferraum findet. Der Fischer, wie die Freunde das mörderische Phantom nennen, scheint alles über sie zu wissen. Doch was hat der Fischer mit ihnen vor? In der Nacht des 4. Juli wird die Unwissenheit plötzlich zur schrecklichen Gewißheit und der Horror beginnt. Und ihnen wird klar, daß der Fischer nicht eher ruhen wird, bis er jedem von ihnen ein grausames Ende bereitet hat...

Als Sarah das Drehbuch zu *ICH WEISS WAS DU LETZTEN SOMMER GETAN HAST* gelesen hatte, war sie unschlüssig, ob sie die Rolle annehmen sollte. Der Charakter Helen Shivers war eine lokale Schönheitskönigin und las sich wie das stereotyp dumme Blondchen in einem Horrorfilm - blond, schön und strohdumm. Doch Kevin Williamson, ist wie Whedon, ein Meister im Verfassen von filigranen Drehbüchern. Was anfangs vielleicht wie ein typischer oberflächlicher Charakter aussah, entwickelte sich im Verlauf des Films zu einer facettenreichen und vielschichtigen Persönlichkeit. Es war auf den zweiten Blick ein

überaus komplexer Charakter und zudem war die Figur in Sarahs Alter. Sarah hatte damit ihre gesuchte Herausforderung gefunden. Als der Vertrag unterschrieben war, ging Sarah nach North Carolina und erkannte, wie einfach es im Gegensatz zu TV-Serien war, Filme zu drehen. Bei **BUFFY** hatte sie lange Drehtage, nicht selten bis zu 18 Stunden, und eine einstündige Folge wird dort innerhalb von 8 Tagen abgedreht. Für den Kinofilm standen dem Team hier aber ganze zwei Monate Drehzeit zur Verfügung und das bei einer geplanten Laufzeit von zwei Stunden. Zum ersten Mal hatte Sarah bei Dreharbeiten auch mal Zeit für sich selbst. In dem kleinen verträumten Fischerstädtchen Southport, dem tatsächlichen Drehort des Films, klappt man allerdings bereits um 9 Uhr abends die Bordsteine hoch. Die Bewohner waren dem Filmteam gegenüber nicht gerade freundlich eingestellt, denn diese brachten ihr gewohnt ruhiges Leben durcheinander. Das führte dazu, daß die Darsteller auch privat sehr viel gemeinsam unternahmen. Sarah war während dieser Zeit oft mit Jennifer Love Hewitt zusammen und gemeinsam erkundeten sie die Umgebung der kleinen Stadt. Dabei war ihnen manchmal nicht geheuer, denn hier liefen zahlreiche Menschen in der gleichen Kluft herum, wie der Filmkiller. Helen war ein interessanter Part für Sarah, der ihr neue Aspekte vermittelte und sie in gewissen Einstellungen zum Umdenken veranlaßte. Besondere

Schwierigkeiten hatte sie beim Drehen der Fluchtszenen. Es war ein Unterschied zwischen Buffy und Helen, den Sarah erst begreifen mußte. Als sie hinfiel, begann sie instinktiv sich zu verteidigen und wurde von Regisseur Jim Gillespie deswegen ermahnt. Er sagte Sarah, daß Barry oder Ray den Kerl schlagen können, aber nicht Helen. Es war interessant anders zu sein und es machte Spaß, obwohl dieses Vorgehen ihrer eigenen Person widersprach. Sarah hätte den Killer, wie ihr Alter Ego Buffy, einfach aus den Latschen gekickt.

Dieses Vorgehen untersagte ihr wenige Wochen später auch Wes Craven, der Regisseur ihres nächsten großen Kinofilms.

Sarah durfte also im Kino nicht zeigen, wie eine Frau Herr der Lage werden kann. Statt dessen mußte sie lernen, wie man vor einem Killer die Flucht ergreift. Doch auch hier mußte sie sich bremsen, denn Dank ihrer körperlichen Form, konnte der Killer nicht mit ihr mithalten. Welch wunderbares Bild hätte es abgegeben, wenn das blonde Dummchen wie eine Rakete vor dem Killer geflüchtet wäre, der mit heraushängender Zunge und ausgelaugten Lungen seinem angeblich wehrlosen Opfer nur noch hinterherblicken konnte. Aber im Film ist bekanntlich alles möglich und damit diese Art von Bildern nicht entstand, verpaßte man Sarah einfach hochhackige Schuhe. Prompt war aus ihr ein Opfer geworden, das mehr davontorkelte, als rannte, was dem Killer ausreichend Gelegenheit gab, sie mühelos einzuholen. Ein besonderes

SCREAM 2

Highlight des Films war sicherlich der Fakt, daß Sarah eine Schönheitskönigin darstellte und deshalb auch bedeutend mehr Haut zeigen mußte, als bisher. So konnte man sie sehr freizügig in einem Badeanzug bewundern, wobei Sarah jedoch eine phänomenal gute Figur machte. Zwar hatte sie auch in der ersten Staffel von Buffy nicht mit weiblichen Reizen gegeizt, doch das hier war wahrlich eine Augenweide für ihre männlichen Fans. Sarah genoß die ruhigen Dreharbeit und ihre Erfahrung, jemanden zu spielen, der hilflos war.

An seinem Eröffnungswochenende am 17. Oktober 1997 (Deutscher Start am 19. März 1998) spielte *ICH WEISS WAS DU LETZTEN SOMMER GETAN HAST* beachtliche 16 Millionen Dollar in den US-Kinos ein. Bei einem Budget von 17 Millionen Dollar ein großer Erfolg. Nach einer 6-monatigen Kinoauswertung brachte es der Film schließlich weltweit auf ein Einspiel von über 70 Millionen Dollar. Sarah gewann für ihre Mitwirkung gleich zwei Preise. Sie erhielt den MTV Award für "Best Breakthrough Performance" und einen Blockbuster Movie Award für "Best Supporting Actress in a Horror Movie". Für ihre erste große Kinorolle sicherlich eine bedeutende Bestätigung ihrer Fähigkeiten.

Dank ihres guten Verhältnisses zu Drehbuchautor Kevin Williamson, den Sarahs Leistung sehr beeindruckt hatte, konnte sie nach Abschluß der Dreharbeiten eine weitere Rolle im nächsten Projekt von Williamson spielen.

Das kam ihr entgegen, denn sie mußte bald wieder zurück nach Kalifornien, wo die Dreharbeiten für die zweite Staffel von **BUFFY** anstanden. Der zweite Film im Jahr 1997 hieß **SCREAM 2.** Kevin Williamson begeisterte sich bei den Dreharbeiten zu **ICH WEISS WAS DU LETZTEN SOMMER GETAN HAST** so von Sarahs Humor und Sarkasmus, daß er die Rolle der CiCi kurzerhand nachträglich in sein Drehbuch schrieb. Somit hatte Sarah das Glück, gleich in

zwei Filmen des zu dieser Zeit angesagtesten Drehbuchautors zu spielen. **SCREAM 2** wurde in Atlanta gedreht, was für Sarah, trotz einer sehr kleinen Rolle, eine doppelte Belastung bedeutete, denn die Dreharbeiten schnitten sich gegen Ende mit denen von **BUFFY**. Überraschenderweise wurden die Dreharbeiten zu **SCREAM 2** beinahe ein Klassentreffen, denn Jerry O´Connell und Rebecca Gayheart waren hier mit von der Partie, beides ehemalige Schulfreunde von Sarah. **SCREAM 2** war ein faszinierendes Experiment für Sarah, weil sie das erste Mal mit Wes Craven arbeitete, dem wohl innovativsten Regisseur im Bereich des Horror Genre. Unter seiner Regie entstanden Klassiker wie **NIGHTMARE ON ELM STREET** und im Gegensatz zu den Regisseuren ihrer vorangegangen Filme war Craven ein alter Hase. Von ihm konnte sie einiges lernen und auch er genoß es sichtlich, als Sarah sich beim Angriff des Killers nicht in dem Stil wehren durfte, wie es Buffy getan hätte.

Während ihre Fernsehrollen bisher keinen Tribut gefordert hatten, überlebte sie ihre beiden erfolgreichsten Ausflüge auf die Leinwand leider nicht. Vielleicht eine versteckte Rache für die übermenschliche Stärke von Buffy. Wie dem auch sei, Sarah hatte sich damit auch im Kino etabliert und konnte sich nun wieder ganz auf ihre Arbeit am **BUFFY** Set konzentrieren. **SCREAM 2** lief am 12. Dezember 1997 in den US-Kinos an (Deutscher Start am 23. April 1998) und toppte mit 33 Millionen Dollar Einspiel am Startwochenende sogar den Erfolg des Originals.

In der Zwischenzeit entwickelte sich **BUFFY** zu einem Hit. Die Serie hatte zwischenzeitlich im Internet einen wahren Run erlebt und war in aller Munde. Nach Ende der Ausstrahlung der ersten Staffel gab es bereits über 40 Fansites der Serie im Web und ebenso viele über die Stars. Sarah war der lebende Beweis dafür, das Hollywood endlich begann realistische Rollen für Menschen ihres Alters zu schreiben, statt sie zu Karikaturen zu machen. Sowohl Williamson als auch Whedon hatten dreidimensionale Charaktere geschaffen: Menschen die Fehler machen und haben.

Der Ruhm hatte aber auch seine Schattenseiten. Sarah war beschäftigter denn je. Sie begann mit der Arbeit an der 2. Staffel von **BUFFY** während sie noch die letzten Einstellung für **SCREAM 2** drehte. Sie mußte deshalb zwischen Atlanta und Los Angeles hin und her fliegen, bis die Szenen im Kasten waren. Im Gegensatz zu **ALL MY CHILDREN**, wo Sarah keine Filme drehen durfte, gaben Whedon und die Produzenten ihr für Filmdrehs immer frei und legten die Dreharbeiten für **BUFFY** so, das es zu keinen Terminschwierigkeiten kam. Eine Geste, von der jedoch auch die anderen Darsteller profitierten, denn es war kein alleiniges Privileg für Sarah.

Während der Pause nach Ende der zweiten Staffel spielte Sarah wieder in zwei Filmen mit. Diesmal beschränkte sie sich allerdings nur auf den Einsatz ihrer Stimme. In **SMALL SOLDIERS**, der die Auswirkungen von allzu realistisch produzierten Spielzeugen aufzeigte, lieh sie einer Gwendy Doll (ein Spielzeug, vergleichbar mit einer Barbie Puppe) im Duett mit Christina Ricci ihre Stimme.

Das gleiche tat sie für die Figur der Andromeda in der Disney Zeichentrick Fernsehserie **HERCULES**. Zu mehr Aktivitäten war Sarah während der Drehpause von **BUFFY** 1998 nicht zu bewegen. Sie wollte sich endlich mal etwas Ruhe gönnen und Kräfte für das kommende Jahr sammeln. Und in der Tat ging sie es 1999 gewaltig an. Ihr Terminkalender nach Ende der Dreharbeiten zur 3. Staffel war prall gefüllt. Als Appetitanreger vor dem Hauptgang spielte sie einen Cameo Auftritt in der Komödie **EINE WIE KEINE**, in der Freddie Prinze Jr. und Rachael Leigh Cook die Stars waren. Sie spielte ein Mädchen in der Cafeteria und hatte eine gemeinsame Szene mit Kieran Culkin, dem Bruder von Macaulay Culkin, der zusammen mit Sarah die Schulbank gedrückt hatte. Danach trat sie allerdings in der Hauptrolle auf und bewies, nicht zum ersten Mal, wieder ein unglaubliches Gespür für gute Rollen. Für Regency Film drehte sie in New York die Komödie **EINFACH UNWIDER-STEHLICH**. Es war etwas vollkommen neues und in gewissem Sinn ein Experiment. Sarah hatte es sich wieder einmal zur Aufgabe gemacht, eine große Herausforderung anzunehmen, denn hier galt es ein scheues Mauerblümchen darzustellen. Ihre Entscheidung verwunderte besonders die Presse, die mit ihren Kritiken auf den Film entsprechend negativ reagierten. Wieder einmal war den Herren und Damen der schreibenden Zunft entgangen, über welche Wandlungsfähigkeit Sarah verfügte. Die Darstellung von Amanda Shelton gelang Sarah bravourös und sie hatte damit auch einen ersten Schritt zu einem Imagewandel gewagt. Sie konnte nicht nur die Kämpferin überzeugend spielen, sondern hatte auch genügend Ausdrucksstarke, um einen verletzlichen und sensiblen Charakter zu verkörpern. Überraschend war, daß sich zahlreiche prominente Schauspielerinnen um die Rolle bemüht hatten. Sarah war eigentlich viel zu jung dafür, denn laut Drehbuch war Amanda Mitte Dreißig. Bei einem Treffen mit Regisseur Tarlov erlebte dieser eine angenehme Überraschung und er befand Sarah als geeignet die Rolle zu spielen. Sie hatte die Story verstanden und ihre Einstellung hinsichtlich der Rolle war sehr überzeugend.

– *Träume werden wahr, wenn Du fest genug daran glaubst* – Amanda Shelton (Sarah Michelle Gellar) ist hübsch, hat Humor und liebt das Leben. Nach dem Tod ihrer Mutter hat Amanda das Restaurant "Southern Cross" geerbt, das sie mit ihrer Tante Stella betreibt. Zum perfekten Glück fehlen ihr eigentlich nur Geschäftssinn und Kochkunst. Außer ein paar alten Freunden der Familie verirrt sich kein neuer Gast in ihr Lokal, weshalb es kurz vor der Pleite steht. Doch davon weiß sie noch nichts. Ihre Tante hat es bisher nicht übers Herz gebracht, ihrer Nichte die Wahrheit zu sagen, denn für Amanda ist das Southern Cross ihr ganzer Lebensinhalt. Als Amanda an diesem Morgen, wie an jedem Wochentag, auf dem Markt frische Lebensmittel besorgt, naht Hilfe in Gestalt eines guten Geistes. Er verkauft ihr nicht nur einen Korb frischer Krebse, sondern sorgt auch für frischen Wind in Amandas Liebesleben. Wo sich Amanda danach auch hinwendet, ständig ist der geheimnisvolle Krebsverkäufer, der ihr Leben auf zauberhafte Weise verändern wird, an ihrer Seite und verwickelt sie in ein Gespräch. Inzwischen klettert einer der Krebse aus dem Korb und sorgt für ein Zusammentreffen mit dem charmanten und attraktiven Tom Bartlett (Sean Patrick Flanery), der auf dem Markt ebenfalls morgendliche Einkäufe tätigt. Er arbeitet als Repräsentant für eines der feinsten Kaufhäuser von Manhattan und wird dort in Kürze ein exklusives

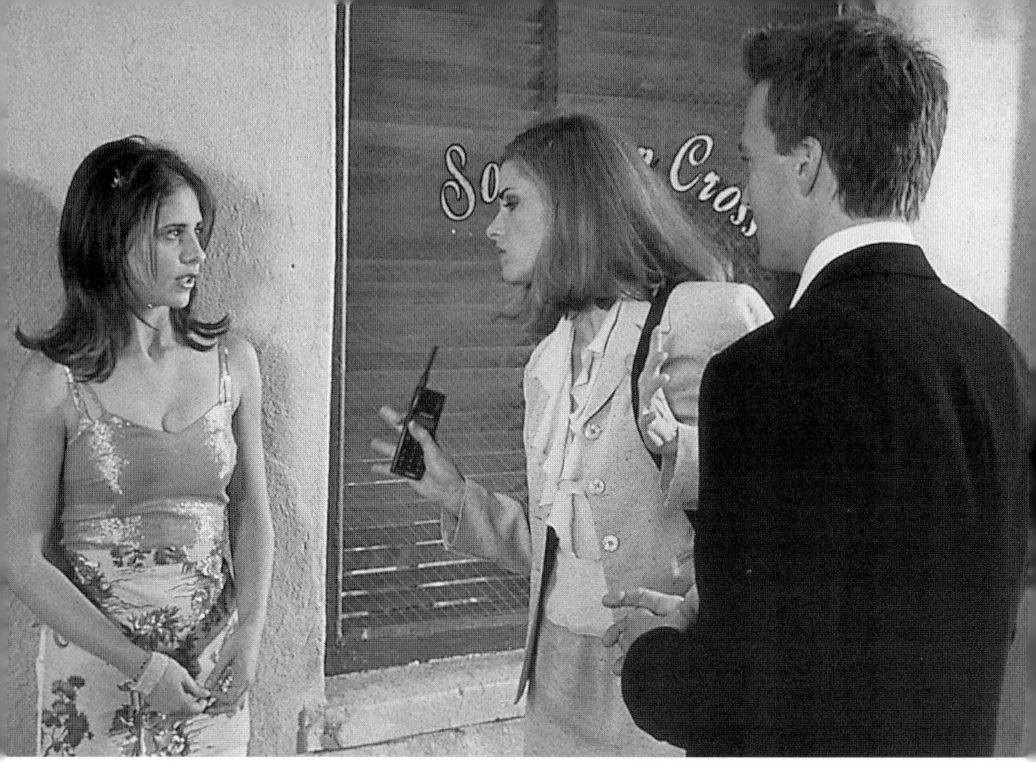

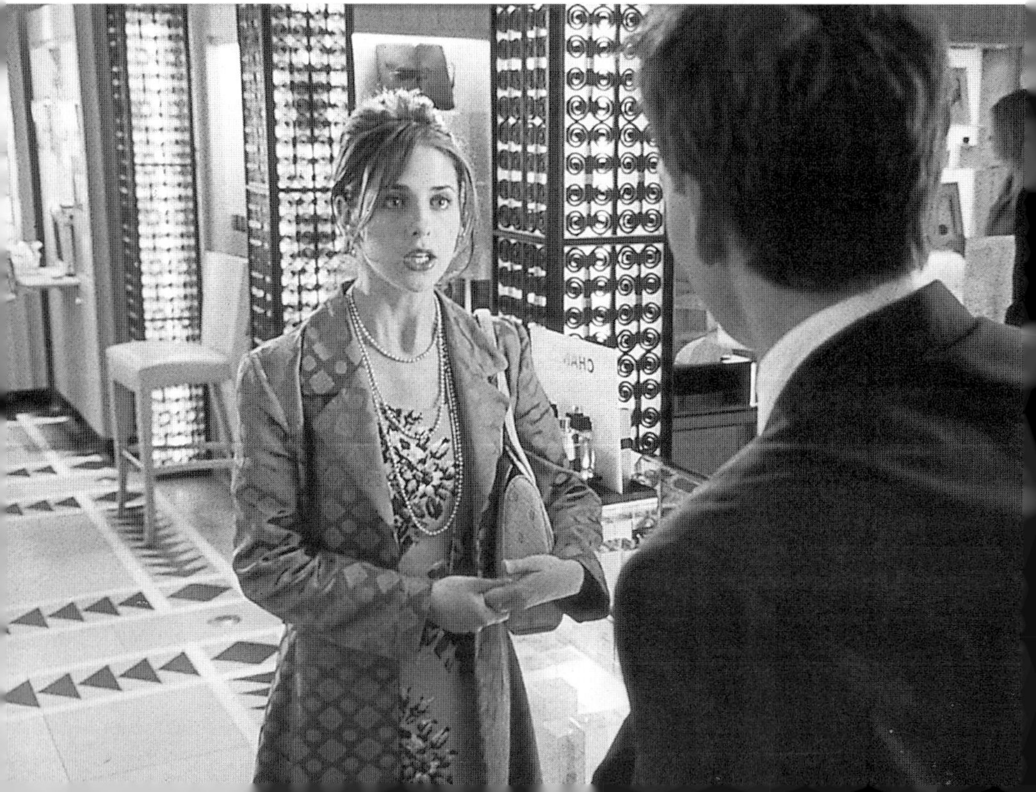

Restaurant eröffnen. Als sie mit dem Korb voller Krebse in ihrem Lokal ankommt, erfährt sie von ihrer Tante endlich die Wahrheit. Doch wer an Wunder glaubt, der erlebt sie auch. Bei Amanda sorgt nämlich ein guter Geist in Gestalt eines Krebses für ein solches. Er arrangiert ein Wiedersehen mit Tom Bartlett, der ebenfalls Probleme hat. Die Arbeiten an seinem Gourmettempel stocken und seine neue Freundin nimmt bereits starken Einfluß auf seinen Terminkalender. Da ihm die Arbeit wichtiger als die Freundin ist, beschließt er sich bei einem gemeinsamen Mittagessen von ihr zu trennen. Und wie es der Zufall will, oder besser gesagt die Magie, bringt sie ein

Taxifahrer ausgerechnet zum Southern Cross. Amanda ist erstaunt und ent- setzt zugleich, denn sie hat Angst, sich mit ihren Kochkünsten zu blamieren. Doch dank magischer Hilfe entwickelt sie sich plötzlich zu einer sagenhaften Feinschmeckerköchin. Und nicht nur das, sie ist sogar in der Lage ihre Gefühle und Gedanken in die Gerichte hineinzukochen. Tom findet dies anfangs sehr faszinierend, doch dann bekommt er es mit der Angst zu tun. Er vermutet sogar, Amanda habe ihn verflucht und vermeidet fortan jeden Kontakt zu ihr.

Als die Eröffnung des neuen Kaufhauslokals ansteht und der Starkoch Tom die Messer vor die Füße wirft, ist es ausgerechnet Amanda, die ihm in der Notsituation aushilft. Die Faszination füreinander ist letztendlich stärker als jede Vernunft und Tom Bartlett muß erkennen, wie sehr er diese Frau liebt. Aber hat er bereits zu lange gewartet, um ihr seine Liebe einzugestehen...

Sarah hatte mit *EINFACH UNWIDERSTEHLICH* das erste Mal die Gelegenheit sich in einer Komödie zu beweisen. Hier ging es einmal nicht darum, gegen Vampire und Monster zu kämpfen, auch nicht darum vor einen irren Killer zu fliehen, sondern nur um die Liebe. Für Sarah war es eine willkommene Abwechslung eine Rolle außerhalb des Horrorgenre zu spielen. Sie mochte die Story und es hat ihr Spaß gemacht, etwas Klassisches mit so viel Herz zu spielen. Sarah war besonders beeindruckt von der Verbindung zwischen Kochkunst und Romantik. Liebe geht ja bekanntlich durch den Magen. Regisseur Mark Tarlov bringt die Aussage des Films treffend auf den Punkt: "Man kann Essen so zubereiten, daß alle fünf Sinne angesprochen werden. Und würde man die Erinnerung als sechsten Sinn zählen, dann käme gutes Essen aus der gleichen Quelle, aus der Liebe und Leidenschaft gespeist werden."

Auch Sarah äußerte sich bemerkenswert zum Thema Kochkunst und Romantik: "Essen ist so sinnlich. Ich war ganz begeistert, wie der Film die verschiedenen Sinne anspricht. Für mich haben besonders der Geruchs- und Tastsinn sehr sexy Eigenschaften."

Die Dreharbeiten des Film fanden im Henry Bendel Kaufhaus auf der 5th

Avenue in New York statt und das Kaufhaus war während dieser Zeit ganz normal geöffnet. Gedreht wurde allerdings nur in der Nacht.

Als der Film am 5. Februar 1999 in den US-Kinos (Deutscher Start am 13. Januar 2000) anlief konnte er das Publikum leider nicht überzeugen. Obwohl mit einem Budget von nur 6 Millionen Dollar realisiert, konnte er am Startwochenende lediglich knapp 2 Millionen Dollar Umsatz erzielen. Weitaus erfolgreicher wurde allerdings Sarahs nächster Film *EISKALTE ENGEL*, den sie gleich im Anschluß drehte. *CRUEL INTENTIONS*, wie der Film im Original heißt, basiert auf dem Roman Les Liaisons Dangereuses von Choderlos de Laclos. Der skandalträchtige Stoff aus dem Jahre 1782 hat bisher eine große Faszination auf Hollywood ausgeübt und wurde bereits mehrfach verfilmt. So versuchten sich bereits Stars wie Jeanne Moreau, Gerald Philipe, Michelle Pfeiffer, Glenn Close, John Malkovich und Annette Benning an der Darstellung. Aber auch Jungstars wie Meg Tilly und Fairuza Balk hatten schon Berührung mit der faszinierenden Story.

– Spiele nicht mit der Liebe, denn sie besiegt selbst den stärksten Kämpfer –
Nach einem anstrengenden College Jahr genießt Sebastian Valmont die Sommerferien. Dem jungen selbstsicheren Mann wird nachgesagt ein skrupelloser Verführer zu sein. Das ist er in der Tat und es gibt kein Frauenherz, daß er nicht erobern könnte. Aber es wird immer schwerer seinem Ruf gerecht zu bleiben, denn für einen Profi wie ihn, gibt es keine richtigen Herausforderungen mehr. Die jungen und schönen, aber ziemlich blasierten,

Töchter der Upper Class von New York, hat er alle schon verführt. Dieses Jagdrevier übt keinen Reiz mehr auf den eingebildeten Don Juan aus. Sebastian hat das Glück, eine überaus attraktive Stiefschwester zu haben, die seine Leidenschaft teilt. Kathryn Merteuil, eine Intrigantin erster Güte, erfreut sich eines atemberaubend schönen Aussehens. Sie hat eine neue Herausforderungen für ihren Stiefbruder parat. Denn sie, die es gewohnt ist, mit Männerherzen nach belieben zu spielen, mußte gerade die schlimmste Schmach ihres Lebens hinnehmen. Kathryns aktueller Liebhaber, Ronald Clifford, hat sie wegen einer anderen verlassen. Und da es sich bei dem Mädchen um die naive und sexuell unerfahrene Cecile handelt, deren Benehmen noch wenig damenhaft ist, ist die Niederlage für Kathryn um so peinlicher. Grund genug, Rache an der Nebenbuhlerin zu nehmen und Sebastian auf die Unschuld anzusetzen. Ihr Vorschlag: Sebastian möge Cecile doch schleunigst verführen, ihr die Jungfräulichkeit nehmen und aus ihr ein durchtriebenes Luder machen. Sebastian fühlt sich geehrt, von seiner stets ebenso bewunderten wie begehrten Stiefschwester eine solch intrigante Aufgabe gestellt zu bekommen. Dennoch lehnt er ab, denn die Angelegenheit erscheint ihm als zu leicht. Eine wahre Herausforderung wäre für ihn eher

Annette Hargrove. Er erzählt Kathryn von deren Keuschheitsgelübde, das er jüngst in einem populären Jugendmagazin gelesen hatte. Die Schöne besitzt zweierlei Eigenschaften, die sie für Sebastian zum Objekt der Begierde machen: Sie ist die Tochter des neuen Schuldirektors und will ihre Unberührtheit bis zur Hochzeitsnacht aufheben. Kathryn geht auf seinen Vorschlag ein und bietet ihm eine Wette an. Sebastian muß bis zum Ende der Sommerferien Annette verführt und ihre Unschuld geraubt haben. Und damit er sich auch noch um ihr eigenes Problem kümmert, verspricht sie, sich ihm eine Nacht lang hinzugeben. Sollte er jedoch verlieren, müßte er seinen wertvollen 56er Jaguar Cabrio an sie abtreten. Sebastian willigt ein, denn Kathryn ist die bisher einzige Frau, die er nicht verführen konnte.

Cecile vom Pfad der Tugend abzubringen, erweist sich als vergleichsweise einfach. Ihre vermeintliche Freundin Kathryn treibt sie regelrecht in die Arme ihres Stiefbruders, als sie anfänglich Gewissensbisse verspürt. Die Hürde

Annette Hargrove ist allerdings doch schwieriger zu nehmen als erwartet, da seine routinierten Verführungskünste auf heftigen Widerstand stoßen. Dann ändern sich plötzlich die Vorzeichen und Annette ist es, die Sebastian nun verführen will. Es ist eine neue Situation für den abgebrühten Verführer, der bisher nie wirklich verliebt war. Annette hat dafür gesorgt, daß er zum ersten Mal eine Frau auf ganz und gar romantische Weise liebt. Sebastian läßt seine Deckung fallen und offenbart sich seiner großen Liebe so schutzlos wie nie zuvor in seinem Leben. Aber es gibt da noch Kathryn, seine intrigante und kokainsüchtige Schwester, die andere Ziele verfolgt. Und als sich Sebastian gegen sie stellt, wird auch er zu ihrem Feind...

Die Rolle der Kathryn Merteuil bedeutete für Sarah den Durchbruch. Was sie zuvor mit keinem Film geschafft hatte, gelang ihr mit *EISKALTE ENGEL*. Sie eroberte nun auch im Kino eine riesige Fangemeinde. Sicherlich lag es auch zu einem großen Teil daran, daß sich Sarah wieder einmal ungewöhnlich sexy in sündhaft teuren Outfits präsentierte, die ihre Weiblichkeit unterstrichen. Mit Befremden muß allerdings festgestellt werden, daß ein solcher Erfolg wieder nur mit der Darstellung einer durchtriebenen und herzlosen jungen Frau möglich war. Fast scheint es, daß Sarah, außer bei Buffy, ihre größten Erfolge mit unsympathischen Leinwandcharakteren erzielt.

EISKALTE ENGEL war eine Erfolgsgeschichte ohne gleichen und stellte alle Kinoerfolge von Sarah in den Schatten. Als der Film am 5. März 1999 (Deutscher Start am 26. August 1999) in den US-Kinos anlief, spielte er auf Anhieb 13 Millionen ein und hatte sein Budget von 11 Millionen Dollar bereits am Startwochenende wieder hereingeholt.

Für Regisseur Roger Kumble war der Film, dessen Story er für zeitlos hält, ein Debüt nach Maß. Zuvor hatte er nur Drehbücher geschrieben und war erstaunt darüber, daß man ihn seine von Unmoral förmlich durchtränkte, moderne Version nicht nur schreiben, sondern auch inszenieren ließ. Es war eine Gradwanderung, ein so bekanntes Stück in die Welt von High School Kids zu bringen. Aber wenn man bedenkt, dass an den High Schools heute gar keine Moral mehr herrscht, war es nicht verwunderlich, daß der Film einen solchen Erfolg verbuchen konnte.

Ein Glück für Sarah war sicherlich die Tatsache, dass Neal H. Moritz Produzent des Films war. Denn als er das Skript von Roger Kumble gelesen hatte war ihm sofort klar, wer für die beiden Hauptrollen nur in Frage kam: Ryan Phillippe und Sarah Michelle Gellar. Mit beiden hatte er bei *ICH WEISS WAS DU LETZTEN SOMMER GETAN HAST* zusammengearbeitet, und er kannte ihr Potential. Aber es heißt nicht, dass man die Leute die man haben will, letztendlich auch bekommt. Doch beide Darsteller waren von den Möglichkeiten ihrer Rollen begeistert. Die Chance, einen witzigen, zugleich bösartigen und – was am wichtigsten ist – intelligenten Charakter darzustellen, war für Sarah Michelle Gellar der auslösende Moment, die Rolle der Kathryn Merteuil anzunehmen. Sie hatte ihre eigenen Vorstellungen, wie sie Kathryn spielen wollte: „Ich habe versucht, nicht Glenn Closes Darstellung der Marquise de Merteuil zu kopieren. Sie versteckte ihre Gefühle. Im 18. Jahrhundert waren die Menschen verschlossener. Heute können wir es uns leisten, offen über Dinge zu sprechen und auch Gefühle zu zeigen. Es war großartig, sich nicht unter Perücken, hinter Korsetts und riesigen Kostümen verstecken zu müssen. Wir konnten unsere Körper einsetzen, was für die Erzählweise dieser Geschichte von entscheidender Bedeutung war."

Der Film setzte seinen Siegeszug um die Welt fort und gewann zahlreiche Preise. Reese Witherspoon gewann den Blockbuster Entertainment Award 2000 in der Kategorie "Favorite Supporting Actress" in der Sparte Drama;

Eiskalte Engel

Sarah gewann den MTV Movie Award 2000 in der Kategorie "Best Female Performance" und in der Kategorie "Best Kiss" zusammen mit Selma Blair für die beste Kußszene. Wer wäre da nicht liebend gern an Selma Blairs Platz gewesen? Was auf der Leinwand hervorragend sinnlich und professionell aussah, war in Wirklichkeit ein anstrengender Drehtag für beide Darsteller gewesen. Sarah und Selma mußten entsetzt feststellen, daß die Szene mitten im Central Park in New York gedreht wurde. Während des ganzen Drehs wurden sie von mehreren hundert Menschen beobachtet, die sich diese Szene nicht entgehen lassen wollten, was die Sache nicht gerade einfach machte. Der Kuß an sich war jedoch sehr interessant, auch wenn es eine neue Erfahrung für beide war, eine Frau zu küssen. Immerhin dauerte es fast sechs Stunden bis diese ausdrucksstarken Szenen im Kasten waren. Für Sarah war nicht nur das eine besondere Erfahrung, sondern auch einige andere Dinge, die sie im Film machen durfte.

Der Erfolg von **CRUEL INTENTIONS** zog eine Fortsetzung nach sich, die als Prequel angelegt wurde. Also eine Geschichte, die vor den Ereignissen im Originalfilm spielte. Die Fortsetzung war jedoch als Fernsehfilm, mit dem Hintergedanken daraus eine TV-Serie zu machen, gedreht worden. Da aber die Hauptrollen nicht mehr von der Originalbesetzung gespielt wurden, war dem Film kein sonderlich großer Erfolg beschieden, wodurch sich die Intention einer TV-Serie von selbst erledigte.

Der Film wurde vom 9. Juni 1998 bis 15. Juli 1998 in sechswöchiger Drehzeit in Los Angeles und New York gedreht und Sarah kehrte im Anschluß wieder zu **BUFFY** zurück, um die 4. Staffel in Angriff zu nehmen.

Sarah Michelle Gellar hat es geschafft. Sie ist sowohl im Kino als auch im Fernsehen ein Star mit wachsender Fangemeinde. Nach **EISKALTE ENGEL** wird es allerdings schwer werden, die Fans in neuen Rollen zu überzeugen.

Seit Sarah als Vierjährige ins Showbusineß einstieg, hat sie mit Werbespots und Fernsehrollen eigenes Geld verdient. Dabei war sie gezwungen viele Dinge auf einmal zu machen und ihr Privatleben dem Beruf unterzuordnen. Manchmal war es hart die Balance zwischen Privat- und Arbeitsleben zu finden. Je berühmter man wird, desto weniger Privatsphäre bleibt. Es ist immer eine Angelegenheit des persönlichen Wohlbefindens, wieviel ein Schauspieler bereit ist, davon aufzugeben. Irgendwann kommt aber der Punkt, wo sich jeder Star fragen muß: Ist es mir noch Wert, keinen eigenen Lebensraum mehr zu haben? Sarah hat inzwischen die Balance zwischen Privatem und Beruflichem gefunden, vielleicht durch Erfahrungen mit der Presse in der Vergangenheit. Sie hat eine Mauer zwischen ihrem Privatleben und der Öffentlichkeit aufgebaut und hält diese permanent aufrecht. Sie beantwortet auch in Interviews keine Fragen nach ihrem Privatleben, denn das ist ihr heilig. Daher ist es immer erstaunlich, wieviele Gazetten und Magazine ständig privates über Sarah zu berichten wissen. Es stellt sich nur die Frage, woher die schreibende Zunft aufgrund dieser Umstände ständig ihre Informationen bezieht?

Hat der Erfolg Sarah Michelle Gellar verändert? Sicher wäre es absurd zu behaupten, daß Sarah noch die Gleiche ist, wie vor zehn Jahren. Sarah gilt heute als aggressiv, denn sie wartet nie bis Dinge auf sie zukommen, sondern geht aktiv auf die Sachen zu. Wenn sie eine Rolle unbedingt haben will, dann wird aus ihr die gewohnte Kämpferin. Auf der anderen Seite ist sie aber auch offen und herzlich. Sie geht alles mit Elan an und liebt die Konversation, sofern es sich nicht um die Presse handelt. Aber sie liebt es, auf Titelseiten zu erscheinen und sie ist für außergewöhnliches zu haben, wie ihr Auftritt mit Milchbart in einem Werbespot zeigte. Sarah gibt sich auch gerne cool und selbstbewußt, doch unter ihrer Schale schlummern Ängste, wie bei jedem Menschen.

Ein normales Leben kann Sarah schon lange nicht mehr führen. Mit dem weltweiten Erfolg von **BUFFY** hat sie fast jede Privatsphäre eingebüßt, denn die

Fans kennen kein Pardon. Sie kann nicht zum Essen in ein Restaurant gehen, ohne wenig später von einer Menschentraube mit Autogrammwünschen umringt zu sein. Ein Kinobesuch ist nur bei Premieren möglich, wo ohnehin nur Stars anwesend sind. Und ein Urlaub wird zum Versteckspiel, wo es gilt unerkannt mit dem Gepäck am Zielort anzukommen. Fans sind zwar wichtig für einen Star, doch sie können auch zur Last werden. Fairneß und Verständnis sind leider ein Fremdwort und aufdringliche Bewunderer schrecken sogar davor nicht zurück Drohbriefe zu verfassen, weil Sarah ihre Fanpost nicht mehr selbst bearbeitet. Ein fairer Fan wäre zum Beispiel jemand, der im Restaurant wartet, bis Sarah mit dem Essen fertig ist, bevor er um ein Autogramm bittet. Jeder Fan sollte sich selbst auch einmal fragen, wie er an Sarahs Stelle reagieren würde. Und wer dabei ehrlich ist, erkennt, daß auch er es auf Dauer als lästig und störend empfinden würde.

Sarah wurde durch **BUFFY** zu einer ernst zunehmenden Darstellerin. Zu einem charismatischen Symbol des Mysterie Horrors und zu einem Objekt der Bewunderung und Begierde für Millionen Fans rund um den Globus. Doch wie stark sind die Darsteller der Serie, allen voran Sarah, zwischenzeitlich mit ihren Charaktern verbunden? Kann es für sie ein Leben nach **BUFFY** geben? Sicherlich wird es für alle sehr schwer werden, denn sie sind durch den weltweiten Erfolg der Serie mit einem Rollentypus verwachsen, der schwerlich abzustreifen sein wird. Egal was kommt, man wird sie immer als "Buffster" im Gedächtnis behalten. Die Versuche der Darsteller, sich über andere Rollen, besonders im Kino, ein zweites Standbein zu schaffen, gingen bisher nur bei Sarah einigermaßen auf. Doch auch bei ihr wurde nicht alles zu Gold, was sie anpackte.

In **ICH WEISS WAS DU LETZTEN SOMMER GETAN HAST** spielte Sarah überzeugend genau das Gegenteil von Buffy, und in **SCREAM 2** hatte sie lediglich einen undankbaren Auftritt als Opfer eines wahnsinnigen Killers, der wenig darstellerische Entfaltungsmöglichkeiten bot. Das Highlight ihrer bisherigen Kinokarriere ist und bleibt **EISKALTE ENGEL**, mit dem sie bei ihren Fans den besten Eindruck hinterlassen hat und ihr derzeit größter Kinoerfolg. Der Ausflug ins romantische Gefilde mit **EINFACH UNWIDERSTEHLICH** kam bei den Fans nicht an und auch in ihre neuen Streifen **HARVARD MAN** und **SCOOBY-DOO** werden keine großen Hoffnungen gesetzt. Während **HARVARD MAN** hauptsächlich durch zahlreiche Terminverschiebungen von sich reden macht und bei Testvorführungen durchweg schlechte Kritiken bekam, könnte auch bei **SCOOBY-DOO** einiges im Argen liegen. Der Film wird von Warner Brothers in die Kinos gebracht und die sind ja bekanntlich nach dem Weggang von **BUFFY** zu **UPN** nicht sonderlich gut auf **BUFFY** Leute zu sprechen.

Sicherlich hat sich Sarah im Kino durch ihre sehr unterschiedliche Rollenauswahl zwischenzeitlich freizulaufen versucht. Besonders eindrucksvoll gelang ihr das durch die Rolle der Kathryn Merteuil in **EISKALTE ENGEL**. Doch danach fanden ihre Kinofilme kaum noch interessiertes Publikum, obwohl

Sarah stets auf neuen Charakterebenen zu überzeugen versucht.

Zu ihrer Zukunft befragt, merkte Sarah in einem Interview an, daß sie Buffy schon sehr lange spielt und es an der Zeit wäre, sich neuen Zielen zu widmen. Auch Joss Whedon, von dessen Fähigkeiten sie nach wie vor überzeugt ist, gehen langsam die Ideen aus, wodurch an Sarah alias Buffy kaum noch Herausforderungen gestellt werden. Ein Aspekt in dem sich das eindrucksvoll widerspiegelt, sind die Spin-Offs von *BUFFY*. Zuerst gab es eine eigene Serie für Angel, dann wurde eine Zeichentrick-Serie in Angriff genommen und vor kurzem wurde eine weitere Spin-Off Kurzserie zu Giles *(Arbeitstitel: RIPER)* in Auftrag gegeben. Glaubt man aktuellen Pressemeldungen, dann soll auch Dawn (Buffys kleine Schwester aus der 5. Staffel) eine eigene Serie bekommen. Als wahrscheinlicher gilt allerdings, daß Michelle Trachtenberg, eines Tages Sarah in der Titelrolle bei *BUFFY* beerben wird.

BUFFY bis 2003. Was kommt danach?

Nach Ausflügen ins Kino und einem Vertrag für zwei weitere Staffeln von *BUFFY* bei UPN stellt sich die berechtigte Frage: Was kommt danach?

Ende 2000 lief der Vertrag zur Produktion von *BUFFY* zwischen Warner Bros. und 20th Century Fox aus. Man setzte sich zwecks Vertragsverhandlungen an den Tisch und war nicht uneinsichtig. Der Erfolg der Serie mußte sich im Produktionsbudget widerspiegeln und auch die Gagen verlangten eine Erhöhung. Warner Bros. bot Fox statt den bisher pro Folge gezahlten 1 Millionen Dollar nun 1,6 pro Folge und erhöhte im Verlauf der Gespräche sogar bis auf 1,8 Millionen Dollar. Doch das war der Produktionsfirma Fox noch immer nicht genug. Dann schalteten sich andere interessierte Networks ein und UPN machte schließlich das Rennen um *BUFFY*. Im April 2001 verkündete das Network sichtlich stolz den Erwerb der Serie. Man hatte sich den Zweijahres Vertrag mit Fox beachtliche 102 Millionen Dollar kosten lassen. Es folgte eine Bestellung von 44 neuen Folgen, die in die 6. und 7. Staffel aufgehen. UPN zahlt demnach jeweils 2,1 Millionen Dollar pro Folge für die 6. Staffel, danach 2,3 Millionen pro Folge für die 7. Staffel. Und das könnte voraussichtlich die letzte Staffel sein. Das Geniale an dem Deal ist ein Vorkaufsrecht für die Serie *ANGEL,* ebenfalls von Fox produziert, sofern Warner Bros. die Serie auf seinem Network einstellen sollte. Die Kombination *BUFFY* und *ANGEL* war ein Erfolgsgarant für beide Serien, denn die Fans sind fast die gleichen. Sicher wird es *ANGEL* schwer haben, sich ohne *BUFFY* zu halten.

Aufsehen erregte gerade Sarah Michelle Gellar, als sie im März 2001 verkündete, die Serie verlassen zu wollen, sofern Warner Bros. *BUFFY* verlieren sollte. Das sie dennoch nicht ausstieg liegt sicher daran, daß ihr Vertrag das nicht zuließ. Und Geld hat bisher schon so manchen umgestimmt. Schade ist der Wechsel deshalb, weil sich Warner Bros. durch gutes Marketing und nicht zuletzt aufgrund einer phänomenalen Internet Website um die Vermarktung von *BUFFY* verdient gemacht hat. Die Fans wurden von Warner hofiert und man durfte teilhaben an jährlichen Fan Events. Was sich durch den Wechsel alles ändern wird, ob positiv oder negativ, bleibt abzuwarten.

Der zweistündige Pilotfilm bei UPN hatte Anfang Oktober 2001 sensationelle Einschaltquoten, doch wird sich noch zeigen müssen, ob die Fans den Senderwechsel auch während der regulären Staffel Ausstrahlung mitmachen, denn jetzt setzen die anderen Networks ihre Serien gezielt gegen *BUFFY*.

Sarah hat es bisher immer verstanden, sich rechtzeitig neu zu orientieren. *BUFFY* ist eine Erfolgsgeschichte, die sich in dieser Form nicht wiederholen wird. Es gilt jedoch als sicher, daß Sarah nur noch bis zur 7. Staffel von *BUFFY* dabei sein wird, egal wie erfolgreich die Serie auf dem neuen Fernsehsender UPN laufen wird. Die Serienthematik ist nicht als Langläufer geeignet und irgendwann wird die Serie unglaubwürdig, ungeachtet dessen wie gut die Drehbuchautoren auch sein mögen.

Bevor der eigentliche Pilotfilm von *BUFFY* damals gedreht wurde, gab es eine halbstündige Präsentation, die von Joss Whedon geschrieben und inszeniert wurde. Da er damals keinerlei Regierfahrung hatte und sein Team ihm nicht helfend unter die Arme griff, war dieser alles andere als aussagekräftig. Die Präsentation sollte die Verantwortlichen bei Warner Bros. von den Serienqualitäten Buffys überzeugen. Interessant, weil sehr ungewöhnlich, war die Tatsache, daß Warner Bros. die Serie für einen Start in der laufenden Season entwickeln ließ. Das bedeute-te, daß Buffy gestartet werden sollte, als alle anderen Serien bereits gut die Hälfte ihrer Serienstaffeln einer Season ausgestrahlt hatten. Von Vorteil war bei dieser Vorgehens-weise, dass die Konkurrenz hinsicht-lich zahlreicher Season Opener umgangen war. Doch würde man die Serie als Neuheit innerhalb einer lau-fenden Season präsentieren können? Bei allen Lobeshymnen die auf Buffy gesungen werden, wird eines immer gerne verschwiegen. Buffy war kei-neswegs von Start weg ein erfolgrei-ches Produkt. Sie hatte sogar die schlechtesten Einschaltquoten einer Serie, die jemals bei Warner Bros. gestartet wurde. Erst mit Beginn der zweiten Staffel entwickelte sich Buffy zu einem Hit und mit Ende der dritten Staffel war Buffy Kult.

Nach einer extrem schwachen 4.

Staffel, die auf wenig Gegenliebe bei den Fans stieß, zog die 5. Staffel in Bezug auf Action und Handlungsbogen an, doch die Entwicklung der Charaktere hinkt weit hinterher. Besonders die Entwicklung der Figur Willow krankt, aber auch die Blasheit der neu eingeführten Charaktere Riley Finn (als neuen Buffy Liebhaber) und Tara (als Sidekick von Willow), haben nach dem Abgang von Eliza Dushku und Seth Green der Serie mehr geschadet als genutzt. Einzig Emma Caulfield und James Marsters gewannen die Herzen der Fans. Auch die Entwicklung von Buffy selbst konnte die Fans seit der 3. Staffel nicht mehr überzeugen.

Eine Fernsehserie über 5 Jahre erfolgreich am Leben zu halten, ist eine tägliche Herausforderung und ohne ein präzise arbeitendes Team nicht möglich. Besonders wichtig ist auch das Verhältnis der Stars untereinander, denn wenn es dort zu kriseln beginnt, schadet das der Serie. Zum Glück ist das Leben auf dem Buffy Set noch harmonisch, auch wenn es hin und wieder zu kreativen Meinungsverschiedenheiten kommt. Doch jeder Darsteller ist Profi genug, um daraus nicht einen handfesten Streit oder Konflikt heranreifen zu lassen, der die Arbeit stören würde. Bedenkt man, daß noch alle Originaldarsteller dabei sind, dann ist das ein phänomenaler Erfolg und spricht für ein eingeschworenes Team. Aber irgendwann gehen auch Joss Whedon, dem kreativen Kopf von Buffy, die Ideen aus und dann läuft sich die Serie tot. Es war ein heikles Thema von Whedon Buffy ein zweites Mal sterben zu lassen. Sicherlich ein Effekt dafür, dass Buffy den Fernsehsender gewechselt hat und man sich nicht sicher war, ob die Serie überhaupt weiterlaufen würde. Betrachtet man die Entwicklung von Buffy so sind alle Darsteller, allen vorweg Sarah, durch die Serie erwachsen geworden. Zwar haben leider nicht alle Charaktere in der Serie den gleichen Entwicklungsprozeß durchlaufen, besonders innerhalb der 4. Staffel gab es grobe Rückschläge, die an der Logik der Serienhandlung rüttelten. Aber hat eine Serie wie Buffy, die doch weitab jeder Soap ihr

Fernsehdasein fristet, eine Thematik, die sich auf Dauer plausibel ausdehnen läßt? Hat die Serie Charaktere, die auch nach über 5 Jahren noch etwas hergeben, oder sehen sich die Zuschauer nicht satt an den ewigen Gefechten zwischen Gut und Böse, den ständig gleichen Problemen und den "zahnlosen" Gegnern von Buffy? Wie glaubwürdig ist ein Held, der immer siegt? Gerade die Schwächen machen den Helden so sympathisch und glaubwürdig. Sarah hat sicherlich Schwächen, doch hat Buffy sie auch?

Als man 1997 den Pilotfilm gedreht hatte, war die Serie noch von allen, besonders den Kritikern, zerrissen worden. Hier sieht man deutlich, wie unrecht die Kritiker in vielen Fällen haben. Sie gehen nach ihrer Meinung und bilden keine repräsentative Meinung der Zuschauer, was sicherlich gut ist. Sarah feierte damals ihren 19. Geburtstag und weshalb sie Buffy bis heute noch spielt, ist sicherlich die Tatsache das der Charakter bisher noch viel hergibt. Es ist nach wie vor ein starker Frauencharakter, und der Reiz ist auch nach fünf Jahren nicht verflogen, auch wenn Buffy sich zwischenzeitlich sehr gewandelt hat. So wurde ihr Outfit in jeder Staffel leicht geändert, die Entwicklung vom frechen Teenager zur attraktiven Frau ist nicht spurlos vorüber gegangen. Zwar sagt man Sarah nach, daß sie bereits in die Clique der "Knochenstarletts" aufgenommen wurde, doch sie hat bisher eminent das Gerücht bestritten, unter Magersucht zu leiden. Mag es der Streß sein oder sonstige Gründe, es bleibt offensichtlich, wenn man Fotos ihrer Karriere vergleicht.

Ein großes Manko der Serie war sicherlich der Ausstieg von Angel, was viele Fans noch heute bedauern. Es war genau die Beziehung zwischen Buffy und Angel, also einer Verbindung von Gut und Böse, die der Serie den besonderen Reiz verliehen hat. Das war nicht irgendeine Liebe, sondern die große wahre Liebe. Angel gehört zu Buffy wie Xander, Willow und Giles. Er hatte großen Anteil an Buffys Entwicklung und dank seiner Mitwirkung konnte Sarah sich als gefühlvolle Darstellerin beweisen. Alle Jungs mit denen Buffy danach was hatte, konnten nicht den Reiz bieten wie es Angel konnte. Wenn Sarah und David Boreanaz sich in den Armen lagen oder küßten, dann kochte die Mattscheibe. Die beiden haben eine unglaubliche Energie und Harmonie mit ihrer Beziehung freigesetzt, was dem großen Erfolg der Serie zugute kam. Zwischen Buffy und Angel gibt es etwas, das in dieser Form einmalig ist. Weder sie noch er werden das bei anderen Partnern finden. Man kann sagen, daß sie eine Art Seelenverwandschaft haben. Sie fühlen einander und brauchen oftmals keine Worte, um Gefühle des anderen zu deuten.

Sarah gibt offen zu, daß sie Joss Whedon dafür böse war, daß Angel die Serie verließ. Aber sie hat noch nicht die Hoffnung aufgeben, das er eines Tages in die Serie zurückkehrt. Das ist nicht unwahrscheinlich, denn ohne Buffy wird es die Serie ANGEL, auf WB schwer haben zu überzeugen.

Trotz allem kam es aber zwischen Sarah und David hinter den Kulissen zu keiner Partnerschaft, was oftmals behauptet wurde.

Neue Filme im Kino

Während **BUFFY** in den USA in die Wiederholung geht und die neuen Folgen auf UPN beachtliche Quoten erzielen, hatte Sarah noch eine Doppelbelastung zu verkraften. Während die Dreharbeiten zum neuen Pilotfilm und der 6. Staffel von **BUFFY** begannen, war sie noch mit Dreharbeiten an **SCOOBY-DOO** beschäftigt. Zuvor hatte sie aber ihren zweiten neuen Film **HARVARD MAN** abgedreht. Dieser Film wurde während der sommerlichen Drehpause von **BUFFY** in Boston, Massachusetts/USA und Kanada gedreht und soll im März 2002 in die US-Kinos kommen.

Der Film, unter der Regie von James Toback, handelt von Drogenproblemen an der Harvard Universität. Für **HARVARD MAN** begibt sich Sarah wiederum auf sehr dünnes Eis, denn sie spielt darin wieder eine Rolle, die man von ihr nicht erwartet hätte. Damit unterstreicht Sarah aufs neue ihre Vielseitigkeit. Sie spielt die 19-jährige Cindy Bandolini, einzige Tochter eines berüchtigten Mafia Bosses. Cindy ist Cheerleader am Boston College und mit dem Basketballspieler Alan Jensen liiert, der für die Mafia fingierte Spiele ableisten soll, um hohe Erträge bei Sportwetten in die Mafia Kassen zu bringen. Dabei wird er immer weiter in den Sumpf aus Spielsucht und Drogenkonsum hineingezogen, bis ihm schließlich die FBI Agenten Teddy (Eric Stoltz) und Kelly (Rebecca Gayheart) im Nacken sitzen.

Ein Manko hatte der Film bereits im Vorfeld, denn die Harvard Universität untersagte aufgrund der Thematik des Films die Dreharbeiten vor Ort. Man befürchtete dadurch eine schlechte Publicity für die Schule. Also mußte die 6 Millionen Dollar Produktion nach Cambridge umziehen, das als Double diente. Regisseur Toback hatte das Drehbuch für den Film bereits vor sechs Jahren geschrieben. Danach hatte er es verschiedenen Studios angeboten, die aber alle ablehnten. Schließlich landete das Skript bei Don Simpson, dem legendären Hollywood Produzenten, der zusammen mit seinem Partner Jerry Bruckheimer zahlreiche Box-Office Hits produziert hatte (unter anderem Flashdance und Beverly Hills Cop). Nach dem überraschenden Tod von Simpson lag das Skript lange Zeit herum bis es bei Lions Gate landete, die für die Umsetzung sorgten.

Es war verwunderlich das sich Sarah, trotz anderer Filmangebote, ausgerechnet für dieses Projekt entschied. Ein Grund war ihre Bewunderung für James Toback. Aber das ist auch typisch für Sarah, denn sie findet es an der Zeit etwas Neues auszuprobieren. Sie hatte zwar bereits mit **EINFACH UNWI-DERSTEHLICH** ihren Namen im Kino ruiniert, doch was für Hollywood ein Flop war, daß war für sie eine neue Erfahrung. Sarah zeigt einen starken Hang zu Independent Filmen, außerhalb des breiten Main-Stream Publikums. Allerdings fordert sie mit ihrem Lernprozeß und der Rollenauswahl im Kino ihrem Publikum sehr viel Toleranz ab. Es ist sicher gut, sich in keine Schublade stecken zu lassen, doch man sollte zumindest einen roten Faden in seiner

Karriere haben, der die Fans bei der Stange hält. Sarah wurde mit einem gewissen Rollentypus zum Megastar und darin wollen die Fans sie auch hin und wieder sehen. Entfernt sie sich zu weit davon oder ignoriert sie das Interesse des Publikums, so wird es ihr wie vielen anderen Schauspielern gehen, die einst berühmt waren doch dann in der Bedeutungslosigkeit versanken. Wer zu lange eine Rolle spielt, darf von seinen Fans keinen Spagat verlangen.

Sarahs Entscheidung in **HARVARD MAN** zu spielen schockierte auch ihren Agenten. James Toback ist als Regisseur bekannt, der in seinen Filmen einen starken Hang zu nackter Haut hat. Und das paßt nun ganz und gar nicht zu Sarah, die Sex- oder Nacktszenen grundsätzlich ablehnt. Doch Sarah ist dickköpfig und so kam es zu einem Treffen mit Toback. Nachdem sie das Drehbuch gelesen hatte, es gefiel ihr übrigens sehr gut, hatte der Film einen weiteren bekannten Star auf der Besetzungsliste. Letztendlich dauerte es nur wenige Wochen den Film abzudrehen. Für ihre Fans wird interessant sein, daß Sarah darin eine ausgefallene Sexszene hat, obwohl sie dabei komplett angezogen bleibt.

Einen größeren und anstrengenderen Part übernahm Sarah danach in dem Live-Action Film **SCOOBY-DOO.** Der Film basiert auf der Zeichentrickserie **SCOOBY-DOO, WHERE ARE YOU?,** die 1969 auf CBS das erste Mal ausgestrahlt wurde. Im Mittelpunkt standen vier amerikanische Teenager, die mit ihrem Wohnmobil, der "Mystery Machine", quer durch die Vereinigten Staaten reisen. Auf dieser Reise erleben die Vier zusammen mit ihrem Hund Scooby-Doo reihenweise Abenteuer mit Gespenstern und Gangstern. Nachdem sich die Serie in den letzten Jahren auf dem Cartoon Network zu einem Hit mauserte, schickte sich die Produktionsfirma Warner Bros. an, daraus einen Film mit realen Darstellern zu machen, einen sogenannten Live-Action Film. Das ist nichts neues, denn auch Superhelden wie Batman und jüngst die X-Men, fanden bereits den Weg in die reale Filmwelt. Das besondere an **SCOOBY-DOO** ist jedoch, daß zwar die Hauptdarsteller von Schauspielern aus Fleisch und Blut gespielt werden, aber der Hund Scooby-Doo lediglich aus Bits und Bytes bestehen wird.

Die Dreharbeiten zu **SCOOBY-DOO** begannen am 13. Februar 2001 in Australien und zogen sich bis August 2001 hin. Obwohl es extrem streßig war, sie arbeitete zwei Wochen in Los Angeles und zwei Wochen in Australien, hatte Sarah viel Spaß bei den Dreharbeiten. Die Rolle der Daphne, auch bekannt als Dangerprone Daphne, ist wieder eine neue Erfahrung gewesen, nicht zuletzt wegen des ungewohnten Stils und der ausgefallenen Garderobe. Neben Sarah standen Freddie Prinze Jr. (als Fred), Matthew Lillard (als Shaggy) und Linda Cardellini (als Velma) vor der Kamera. Der auch in Deutschland bestens bekannte Rowan Atkinson (Mr. Bean) mimt den Bösewicht, was allein schon einen Besuch des Films wert ist. Eine Erholung waren die Dreharbeiten deshalb, weil Sarah zusammen mit ihrem Verlobten

Freddie Prinze Jr. arbeiten konnte und sie dadurch die Möglichkeit hatten wieder länger zusammen zu sein. Es macht auch Spaß mit Freddie zu arbeiten, denn es ist für Sarah leicht mit ihm zu agieren. Die Beiden arbeiteten nicht zum ersten Mal zusammen, also war das auch nichts Besonderes. Der US-Starttermin von **SCOOBY-DOO** wurde auf den 14. Juni 2002 datiert.

Neben diesen beiden Filmen war Sarah 2001 auch noch für zwei andere Produktionen im Gespräch. Der Film **THE IT GIRL** sollte bereits im Juni 2000 gedreht werden und war für den Start Mitte 2001 angekündigt worden. Die Produktion ist aber bisher noch nicht angelaufen und Sarah hat während dieser Zeit **HARVARD MAN** gedreht. Ob **THE IT GIRL,** der als romantischer Thriller angekündigt wurde, überhaupt noch gedreht wird, bleibt abzuwarten. Der zweite Film, in dem Sarah eine Rolle übernehmen sollte, war **WHO IS CLETIS TOUT?,** der im September 2001 auf dem Internationalen Film Festival in Toronto seine Weltpremiere hatte. Der offizielle Filmstart ist allerdings erst 2002. Sarahs Rolle, an der Seite von Christian Slater, wurde von Porta di Rossi übernommen.

Trotz ihrer Erfolge im Fernsehen und im Kino ist Sarah auch der Werbeindustrie treu geblieben. Nach einigen Spots für eine Jeans Werbung, trug Sarah auch für die Kosmetik Industrie ihr blendendes Aussehen zu Markte. Für Maybelline Cosmetics drehte sie mehrere Spots mit Lippenstift und Make-Up. Darüber hinaus fungiert Sarah Michelle Gellar seit 12. August 1999 auch offiziell als Celebrity Spokesperson für den Maybelline Kosmetik Konzern. Und nebenbei schafft es Sarah sogar noch in Musikvideos mitzuwirken, wie zum Beispiel bei den Stone Temple Pilots für den Song "Sour Girl".

Die Zukunft

In der Entertainment Branche kann sich ein Leben praktisch über Nacht verändern, wenn man die richtige Rolle gespielt hat. Dann muß man sich auch schlagartig an neue Spielregeln gewöhnen, die das bisherige Leben komplett auf den Kopf stellen. Es ist immer eine Gratwanderung, mit der es fertig zu werden gilt. Erfolg kann etwas schönes sein, aber der Preis kann auch sehr hoch dafür sein. Viele Schauspieler können den plötzlichen Starruhm nicht verkraften und flüchten in den Drogenkonsum. Wenn man die vielen Pressemeldungen liest, in denen zum Beispiel Jason Priestly (Beverly Hills 90210); Shannon Doherty (Charmed) oder Edward Furlong (Terminator 2) betrunken am Steuer ihres Autos erwischt werden, kommt man leicht ins Grübeln. Stars, Vorbilder vieler Jugendliche, sind sich ihrer Verantwortung hinsichtlich dem Drogenkonsum gar nicht bewußt. Sie leben auf der Überholspur und vergessen dabei, daß sie nur solange IN sind, wie das Produkt, für das sie arbeiten. Das Sarah nicht in solchen Meldungen auftauchte, steht für ihre Ausgewogenheit. Sie hat gute Freunde und eine Mutter, wo sie immer Halt findet. Mit Rosellen Gellar kann sie über alles sprechen, denn es gibt zwischen ihnen

keine Tabus. Aufgrund ihrer starken Verbundenheit war es für Sarah auch besonders schwierig bei **BUFFY** die Szenen zu spielen, in denen ihre Mutter starb. Und dann gibt es da noch Freddie Prinze Jr.

Sarah und Freddie sind seit dem 13. April 2001 offiziell verlobt und verstehen sich nach wie vor sehr gut. Auch wenn die Presse ständig nach Skandalen sucht, bleibt das Privatleben von Sarah weitgehend geheim. Warum wollen Menschen ständig wissen, was sich im Leben von Sarah Michelle Gellar abspielt? Haben diese Menschen kein eigenes Leben, oder passiert darin nichts, so daß sie sich immer mehr für andere interessieren, als für sich selbst?

So haben zum Beispiel Sarahs Arbeiten für wohltätige Zwecke nicht annähernd soviel Schlagzeilen hervorgebracht, wie jüngst der Tod ihres Vaters. Arthur Gellar wurde am 09. Oktober 2001 im Alter von 60 Jahren tot in seinem Appartement in Manhattan aufgefunden. Wäre es nicht förderlicher gewesen statt dessen Sarahs Mitwirkung bei der Starlight Foundation, die schwer kranken Kindern Wünsche erfüllt, mit einer Schlagzeile zu würdigen? Aber das ist leider nie das Ziel der Medien, die einzig und allein darum bemüht sind, ständig schlechte Nachrichten zu verbreiten.

Sarah ist heute (2001) erst 24 Jahre alt und es ist unmöglich zu sagen, welchen Weg sie noch gehen wird. Ihr stehen alle Türen auf, denn aufgrund ihrer langjährigen Erfahrung käme auch eine Arbeit hinter der Kamera, etwa als Regisseur oder Produzent, in Frage. Sarah ist immer sehr stark in ihre Film und Fernseharbeit involviert und erfaßt deren Tragweite über den Horizont eines einfachen Darstellers hinaus.

Sarah hatte in einem kürzlich geführten Interview überraschenderweise mitgeteilt, daß sie es sich auch vorstellen könne, noch auf ein College zu gehen und zu studieren. Oder sie geht unter die Schriftsteller und veröffentlicht irgendwann Kinderbücher. Als eingeschworener Fan von Dr. Seuss sicherlich keine zu hoch gegriffene Vorstellung.

Die für alle männlichen Fans sicherlich schlechteste Zukunftsprognose wäre ihre Aussage, sich nach dem Ende von **BUFFY** ins Privatleben zurückzuziehen, zu heiraten und eine eigene Familie zu gründen.

Sarah im Überblick

Zur Person

Name	Sarah Michelle Gellar
Spitznamen	Spence; Sassy
Geburtstag	14. April 1977
Geburtsort	New York City / USA
Eltern	Rosellen und Arthur Gellar
	Ihre Eltern wurden 1984 geschieden
	Seit 1992 ist ihre Mutter wieder verheiratet
	Stiefvater Steven
Geschwister	keine, Sarah ist ein Einzelkind
Augenfarbe	grün
Haarfarbe	dunkelbraun
	Sarah hat ihre Haare für diverse Rollen gefärbt, z.B. blond für Buffy
Größe	161 cm
Sternzeichen	Widder

Ihre Vorlieben

Sport	Taekwondo, Inline Skating, Eislaufen, Wasserski, Sporttauchen, Yoga, Gymnastik und vieles mehr
Hobbys	Eislaufen, Einkaufen
Bücher	Earth in the Balance vom ehemaligen US-Vizepräsident Al Gore
	Vom Winde verweht (Gone with the Wind)
Musik	Tori Amos, Mauryn Hill, Sarah McLachlan, Alanis Morisette, Billy Joel
Schauspieler	Eric Stoltz, Daniel Day-Lewis, John Cusack und Tom Cruise
Schauspielerin	Stockard Channing
Lieblingsfilm	Heathers, Grosse Point Blank
Lieblingsserie	Seinfeld, Party of Five, Dawson´s Creek
Lieblingsfarbe	rot
Lieblingsduft	Vanille, Donna Karan Parfüm
Lieblingskleidung	Jeans, Lederjacke
Lieblingssport	Eislaufen, Football
Lieblingsdrink	Wasser, Café
Lieblingsessen	Pasta, chinesisches Essen, Gemüseburger
Lieblingsmonat	Sommer
Lieblingsort	Bermuda

Schönheit

Tattoos   auf dem Rücken
                                               Chinesische Zeichen für Integrität
                                               Am rechten Knöchel
                                               Tao Symbol für Geduld
                                               Am linken Knöchel
                                               Keltisches Zeichen
                                               Auf der linken Hüfte
                                               Keltisches Symbol
Piercing   an jedem Ohr fünf durchstochene Löcher

Beziehungen

Seit 14. April 2001   verlobt mit Freddie Prinze Jr.
1999   Jan-Michael Gambill
1999 - 1998   Jerry O´Connell

Wunschrolle   Cameo Auftritt bei Dawson`s Creek oder 7th Heaven

Bester Filmkuss

No. 1   Rudolph Martin
No. 2   Winsor Harmon
No. 3   David Boreanaz
No. 4   Ryan Philippe

Was sie an Freunden schätzt
Humor, Sensibilität, Vertrauen, Kompatibilität

Was sie bei Menschen zuerst zur Kenntnis nimmt
Die Augen und das Lächeln

Häufigstes Stuntdouble
Sophia Crawford

Für diese Rollen war Sarah im Gespräch

2001   Who Is Cletis Tout?
2000   X-Men
                                               Rolle der Rogue (ging an Anna Paquin)

                                               Die Eiskalte Clique (The In Crowd)
                                               Rolle der Brittany Foster (ging an Susan Ward)

1999   Faculty - Trau keinem Lehrer

| 1996 | Romeo + Juliet |
| | Rolle der Juliet (ging an Claire Danes) |

Haben Sie gewußt, daß Sarah...

...	leidenschaftlich gern Barbie Puppen sammelt
...	einen braunen Gürtel im Taekwondo hat
...	ein großer Fan von Dr. Seuss ist
...	seltene Ausgaben klassischer Kinderliteratur sammelt
...	Klassenkameradin von Tara Reid, Jerry O'Connell
	und Macaulay Culkin war
...	einen Leitartikel über junge Schauspielerinnen in Hollywood schrieb

Autogrammadressen

Ihre Agentur:

Sarah Michelle Gellar
c/o ICM
8942 Wilshire Blvd.
Beverly Hills
CA 90211 / USA

Fernsehsender:

Sarah Michelle Gellar
c/o UPN
11800 Wilshire Blvd.
Los Angeles
CA 90025 / USA

Bitte nur in englisch schreiben und dem Brief einen internationalen Antwortschein (gibt es in jedem Postamt) beilegen.

Leistungen und Erfolge

Kinofilme

2002	Scooby-Doo - Warner Bros.
	Regie - Raja Gosnell
	Sarah Michelle Gellar (Daphne Blake)
	Freddie Prinze Jr. (Fred Jones)
	Matthew Lillard (Norville "Shaggy" Rogers)
	Linda Cardellini (Velma Dinkley)
	Rowan Atkinson (Mondavarious)

Harvard Man - Lions Gate
Regie - James Toback
Sarah Michelle Gellar (Cindy Bandolini)
Adrian Grenier (Alan Jensen)
Joey Lauren Adams (Chesney)
Eric Stoltz (Teddy)
Rebecca Gayheart (Kelly)

1999   Eiskalte Engel - Columbia Pictures
CRUEL INTENTIONS
Regie - Roger Kumble
Sarah Michelle Gellar (Kathryn Merteuil)
Ryan Phillippe (Sebastian Valmont)
Reese Witherspoon (Annette Hargrove)
Selma Blair (Cecile Caldwell)
Joshua Jackson (Blaine Tuttle)
Sean Patrick Thomas (Ronald Clifford)

Einfach unwiderstehlich - Regency Films
SIMPLY IRRESISTIBLE
THE MAGIC HOUR
VANILLA FOG
Regie - Mark Tarlov
Sarah Michelle Gellar (Amanda Shelton)
Sean Patrick Flanery (Tom Bartlett)
Patricia Clarkson (Lois McNally)
Dylan Baker (Jonathan Bendel)
Larry Gilliard Jr. (Nolan Trayner)
Betty Buckley (Tante Stella)

Eine wie keine - Miramax
SHE`S ALL THAT
Regie - Robert Iscove
Sarah Michelle Gellar (Mädchen in Cafeteria / ohne Nennung)
Freddie Prinze Jr. (Zach Siler)
Rachael Leigh Cook (Laney Boggs)
Matthew Lillard (Brock Hudson)
Anna Paquin (Mackenzie Siler)
Kieran Culkin (Simon Boggs)

1998   Small Soldiers - Dreamworks
SMALL SOLDIERS
Regie - Joe Dante
Sarah Michelle Gellar (Gwendy Doll / nur Stimme)

1997 Scream 2 - Miramax
SCREAM 2
Regie - Wes Craven
Sarah Michelle Gellar (Casey "CiCi" Cooper)
Sophia Crawford (Sarah M. Gellar Stunt Double)
Neve Campbell (Sidney Prescott)
David Arquette (Dewey Riley)
Courteney Cox (Gale Weathers)
Jerry O'Connell (Derek)
Jada Pinkett (Maureen Evans)
Liev Schreiber (Cotton Weary)
Rebecca Gayheart (Lois)

Ich weiss was du letzten Sommer getan hast - Mandalay
I KNOW WHAT YOU DID LAST SUMMER
Regie - Jim Gillespie
Sarah Michelle Gellar (Helen Shivers)
Jennifer Love Hewitt (Julie James)
Ryan Phillippe (Barry Cox)
Freddie Prinze Jr. (Ray Bronson)
Bridgette Wilson (Elsa Shivers)
Anne Heche (Melissa "Missy" Egan)
Muse Watson (Benjamin Willis / Fischer)

1989 Death Strip - Vidmak
HIGH STAKES
MELANIE ROSE
Regie - Amos Kollek
Sarah Michelle Gellar (Karen Rose / genannt als Sarah Gellar)
Sally Kirkland (Melanie Rose)
Kathy Bates (Jill)
Richard Lynch (Slim)

1988 Funny Farm - Warner Bros.
FUNNY FARM
Regie - George Roy Hill
Sarah Michelle Gellar (Elizabeth Farmers Schülerin / ohne Nennung)
Chevy Chase (Andrew "Andy" Farmer)
Madolyn Smith-Osborne (Elizabeth Farmer)

1984 Over the Brooklyn Bridge - Cannon Films
OVER THE BROOKLYN BRIDGE
ACROSS THE BROOKLYN BRIDGE

MY DARLING SHISKA
Regie - Menahem Golan
Sarah Michelle Gellar (Phil´s Tochter / ohne Nennung)
Elliott Gould (Alby)
Margaux Hemingway (Elizabeth)
Sid Caesar (Onkel Benjamin)
Carol Kane (Cheryl)
Burt Young (Phil)

Fernsehfilme

1997   Beverly Hills Family Robinson - ABC
                   BEVERLY HILLS FAMILY ROBINSON
                   Regie - Troy Miller
                   Sarah Michelle Gellar (Jane Robinson)
                   Dyan Cannon (Marsha Robinson)
                   Martin Mull (Doug Robinson)
                   Ryan O´Donohue (Roger Robinson)

1983   An Invasion of Privacy - CBS
                   AN INVASION OF PRIVACY
                   Regie - Mel Damski
                   Sarah Michelle Gellar (Jennifer Bianchi)
                   Jerry Orbach (Sam Bianchi)
                   Valerie Harper (Kate Bianchi)
                   Jeff Daniels (Francis Ryan)
                   Carol Kane (Ilene Cohen)
                   Richard Masur (Dr. Harvey Cohen)

Fernsehserien - Hauptrolle

2002-2003   Buffy - Im Bann der Dämonen - UPN
                   BUFFY THE VAMPIRE SLAYER
                   7. Staffel / Buffy Summers

2001-2002   Buffy - Im Bann der Dämonen - UPN
                   BUFFY THE VAMPIRE SLAYER
                   6. Staffel / Buffy Summers

2000 - 2001   Buffy - Im Bann der Dämonen - Warner Bros.
                   BUFFY THE VAMPIRE SLAYER
                   5. Staffel / Buffy Summers

1999-2000	Buffy - Im Bann der Dämonen - Warner Bros. BUFFY THE VAMPIRE SLAYER 4. Staffel / Buffy Summers
1998-1999	Buffy - Im Bann der Dämonen - Warner Bros. BUFFY THE VAMPIRE SLAYER 3. Staffel / Buffy Summers
1997-1998	Buffy - Im Bann der Dämonen - Warner Bros. BUFFY THE VAMPIRE SLAYER 2. Staffel / Buffy Summers
1997	Buffy - Im Bann der Dämonen - Warner Bros. BUFFY THE VAMPIRE SLAYER 1. Staffel / Buffy Summers
1993-1995	All My Children - ABC ALL MY CHILDREN Kendall Hart
1992	Swans Crossing - 20th Century Fox SWANS CROSSING Sidney Orion Rutledge

Fernsehserien - Gaststar

2001	THE 100 GREATEST TV CHARACTERS Dokumentarserie, nur Archiv Material
2000	GROSSE POINTE - Warner Bros. Folge - Passion Fish Als Sarah Michelle Gellar
	GOD, THE DEVIL AND BOB - NBC Folge - There´s Too Much Sex on TV That Actress on That Show / nur Stimme
1999	ANGEL - JÄGER DER FINSTERNIS - Warner Bros. ANGEL Folge - Licht und Schatten (City of Angel) - nur Telefonstimme Folge - Liebe auf Zeit (I will remember you) Folge - Gehetzt (Sanctuary) Buffy Summers

1998	SEX AND THE CITY - HBO

1998   SEX AND THE CITY - HBO
SEX AND THE CITY
Folge - Escape from New York
Debbie

HERCULES - Disney
DISNEYS HERCULES
Regie - Phil Weinstein
Andromeda / nur Stimme

KING OF THE HILL - 20th Century Fox
KING OF THE HILL
Folge - They Call it Bobby Love
Marie / nur Stimme

1986   CROSSBOW - RHI
THE LEGEND OF WILLIAM TELL
Folge - Actors
Sara Guidotti

1985   SPENCER - ABC
SPENSER: FOR HIRE
Folge - Dynamit und Machenschaften (Company Man)
Emily

1981   LOVE SIDNEY - Warner Bros.
LOVE SIDNEY
Gail Hunnicutt

1980   GUIDING LIGHT - CBS
GUIDING LIGHT
Blumenmädchen

TV Mini-Serie
1991   Das Schicksal der Jackie O. - NBC
A WOMAN NAMED JACKIE
Regie - Larry Peerce
Sarah Michelle Gellar (Jacqueline Bouvier als Jugendliche)
Marianna Bishop (Jacqueline Bouvier als Kind)
Roma Downey (Jacqueline Bouvier Kennedy Onassis)
Joss Ackland (Aristoteles Onassis)
Stephen Collins (John Fitzgerald Kennedy)

TV Shows (Auswahl)

2000	Christamas in Washington
	Moderation
	Saturday Night Live
	Präsentatorin von Britney Spears
1999	The Tonight Show with Jay Leno
	Late Night with Conan O´Brien
	51st Annual Emmy
	Saturday Night Live
	The Rosie O´Donnell Show
	Teen Choice Awards 1999
1998	Animal Planet
	The Tonight Show with Jay Leno
	50th Annual Emmys
	MTV Music Awards
	Late Night with Conan O´Brien
	The Howard Stern Show
	Blockbuster Awards
	The Rosie O´Donnell Show
	Saturday Night Live
1997	Vibe
	Live! With Regis and Kathie Lee
	The Late Show with David Letterman
	MTV Live
1994	Pure Soap
1989	Girls Talk - Bohbot Productions
	Moderation

Theater

1991	JAKE'S WOMEN
	Molly
1986	THE WIDOW CLAIRE
	Molly

Werbung (Auswahl)

2001   Maybelline

2000   Maybelline

1999   Maybelline
                Lee Jeans

1998   1-800-Collect

1997   1-800-Collect

1991   Avon

1982   Burger King

Musik Videos (Auswahl)

Sour Girl von Stone Temple Pilots
Kid von Green Apple Quick Step
Every You, Every Me von Placebo
Comin´ Up From Behind von Marcy Playground
I Quit von Hepburn
David Duchovny von Bree Sharp

Auszeichnungen (Auswahl)

2000   Teen Choice Award (TV-Choice Actress)

                MTV Movie Award
                Best Female Performance (Eiskalte Engel)

                MTV Movie Award
                Best Kiss mit Selma Blair (Eiskalte Engel)

1999   Teen Choice Award (TV-Choice Actress)

                Saturn Award (Best Genre TV Actress)

1998   Blockbuster Entertainment Award
                (Ich weiss was du letzten Sommer getan hast)
                Beste Nebendarstellerin - Horror

1995   Daytime Emmy (All My Children)
                Outstanding Younger Leading Actress in a Drama Series

Seite 6	© 20th Century Fox
Seite 9	© Warner Bros.
Seite 11	© Christina Radish
Seite 12	© Christina Radish
Seite 15	© 20th Century Fox
Seite 18	Movie Collection / Original Copyright Holder unknown
Seite 21	© Warner Bros.
Seite 23	Movie Collection / Original Copyright Holder unknown
Seite 24	Movie Collection / Original Copyright Holder unknown
Seite 27	Movie Collection / © ABC Television
Seite 29	Movie Collection / Original Copyright Holder unknown
Seite 30	Movie Collection / Original Copyright Holder unknown
Seite 31	KPA / © Everett Collection
Seite 32	Movie Collection / © 20th Century Fox
Seite 33	Movie Collection / Original Copyright Holder unknown
Seite 34	KPA / © Everett Collection
Seite 35	Movie Collection / Original Copyright Holder unknown
Seite 37	Movie Collection / Original Copyright Holder unknown
Seite 39	Movie Collection / © ABC Television
Seite 40	Movie Collection / © ABC Television
Seite 41	© Warner Bros.
Seite 43	© 20th Century Fox
Seite 45	© 20th Century Fox
Seite 46	© Warner Bros.
Seite 47	© Picture Press / Camera Press / Robert Milazzo
Seite 49	© Warner Bros.
Seite 51	© Warner Bros.
Seite 52	© 20th Century Fox
Seite 53	© 20th Century Fox
Seite 55	© Warner Bros.
Seite 57	© Fotex / Jay Blakesberg
Seite 58	© Roy Earle
Seite 59	© Regency Films
Seite 60	© Regency Films
Seite 61	© Regency Films
Seite 62	© Regency Films
Seite 63	© Picture Press / Camera Press / Robert Milazzo
Seite 64	© Roy Earle
Seite 65	© Cinetext Bild- und Textagentur
Seite 66	© Christina Radish (Teen Choice 2000)
	© Roy Earle (Blockbuster Award; Emmy Award; MTV Movie Award)
Seite 67	© Christina Radish
Seite 68	© Roy Earle
Seite 69	© Roy Earle
Seite 70	© Roy Earle
Seite 71	© Roy Earle
Seite 72	© Roy Earle
Seite 73	© Warner Bros.

Im Action Media Verlag erscheinen folgende Buchserien und Einzeltitel: Alle Titel im Format DIN A5, Hardcover, gebunden, Preis EURO 15,00.

Buchreihe - Action TV

Band 1	Die Stars von Buffy	ISBN 3-928871-08-0
	(℗ bereits erschienen)	
Band 2	Die Stars von Roswell	ISBN 3-928871-28-5
	(℗ ab 2002)	
Band 3	Die Stars von Charmed	ISBN 3-928871-29-3
	(℗ ab 2002)	

Buchreihe - Eastern Collection

Band 1	Chuck Norris	ISBN 3-928871-27-7
	(℗ ab 2002)	
Band 2	Das Lee Imperium	ISBN 3-928871-10-2
	(℗ ab 2002)	
Band 3	Jet Li	ISBN 3-928871-13-7
	(℗ ab 2002)	

Buchreihe - Action Heros

Band 1	Charles Bronson - Die Legende	ISBN 3-928871-19-6
	(℗ ab 2002)	
Band 2	Steven Seagal	ISBN 3-928871-12-9
	(℗ ab 2002)	
Band 3	Chow Yun-Fat	ISBN 3-928871-30-7
	(℗ ab 2002)	
Band 4	Jean-Claude van Damme	ISBN 3-928871-31-5
	(℗ ab 2002)	

Buchreihe - Glamour Girls

Band 1	Alicia Silverstone	ISBN 3-928871-14-5
	(℗ ab 2002)	
Band 2	Alyssa Milano	ISBN 3-928871-15-3
	(℗ ab 2002)	
Band 3	Drew Barrymore	ISBN 3-928871-16-1
	(℗ ab 2002)	
Band 4	Salma Hayek	ISBN 3-928871-23-4
	(℗ ab 2002)	

DIE STARS VON

BUFFY

Eine unautorisierten Biographie

von **Günter Sippert**

AMG
Günter Sippert

Buchreihe – Teen Superstars

Band 2	Katie Holmes	ISBN 3-928871-22-6
	(℗ ab 2002)	
Band 3	Jennifer Love Hewitt	ISBN 3-928871-26-9
	(℗ ab 2002)	

Buchreihe – Black Cinema

Band 1	Wesley Snipes	ISBN 3-928871-18-8
	(℗ ab 2002)	

Buchreihe – Newcomer

Band 1	Alexandra Neldel	ISBN 3-928871-25-0
	(℗ ab 2002)	

Unsere Titel sind über den Buchhandel zu beziehen

ACTION MEDIA VERLAG c/o ACTION MEDIA GROUP
Postfach 11 48, D-87571 Kaufbeuren, GERMANY
Telefon 0 83 41 / 7 38 94
Telefax 0 83 41 / 871 872
E-Mail info@action-media-group.com
Internet http://www.action-media-group.com

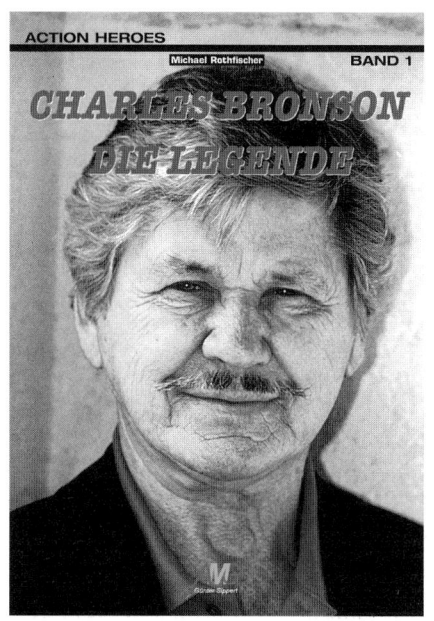

ACTION HEROES

Michael Rothfischer

BAND 1

**CHARLES BRONSON
DIE LEGENDE**

Günter Sippert

EASTERN COLLECTION

Günter Sippert

BAND 1

CHUCK
NORRIS

Günter Sippert

BAND 2

TEEN SUPERSTARS

Katie Holmes

Günter Sippert

Günter Sippert

BAND 1

GLAMOR GIRLS

Alicia
Silverstone

Gunter Sippert

Günter Sippert

Sehr verehrte Leser,

wir danken Ihnen für den Kauf dieses Buches und hoffen,
daß es Ihnen gefallen hat und Sie es Ihren Freunden und Bekannten weiter-
empfehlen.

Verlag und Autor weisen ausdrücklich darauf hin, dass dieses Buch weder in
Zusammenarbeit mit Sarah Michelle Gellar, noch ihrem Management entstand.

Wir bitten unsere Leser auch dafür um Verständnis, dass Sarah Michelle
Gellar Anspruch auf Privatsphäre hat, weshalb nicht alle bekannten Details
über sie in dieses Buch aufgenommen wurden.
Aus diesem Grund haben Verlag und Autor auch darauf verzichtet,
Privatfotos von Sarah Michelle Gellar zu veröffentlichen.

Der Autor hat den Background des Buches gründlich recherchiert, doch niemand kann von sich behaupten, alles zu wissen. Leider gibt es hinsichtlich
einiger Daten unterschiedliche Aussagen.
Der Autor hat jene Daten in sein Buch aufgenommen, die ihm von fachkundi-
ger Stelle als die wahrscheinlich korrektesten versichert wurden.
Sollten sich in diesem Buch dennoch Fehler - gleich welcher Art - eingeschli-
chen haben,
so bittet der Autor, dass Sie ihm diese mitteilen.

Action Media Verlag
c/o Action Media Group
Stichwort: Autor GELLAR
Postfach 11 48
D-87571 Kaufbeuren
Germany
Email info@action-media-group.com